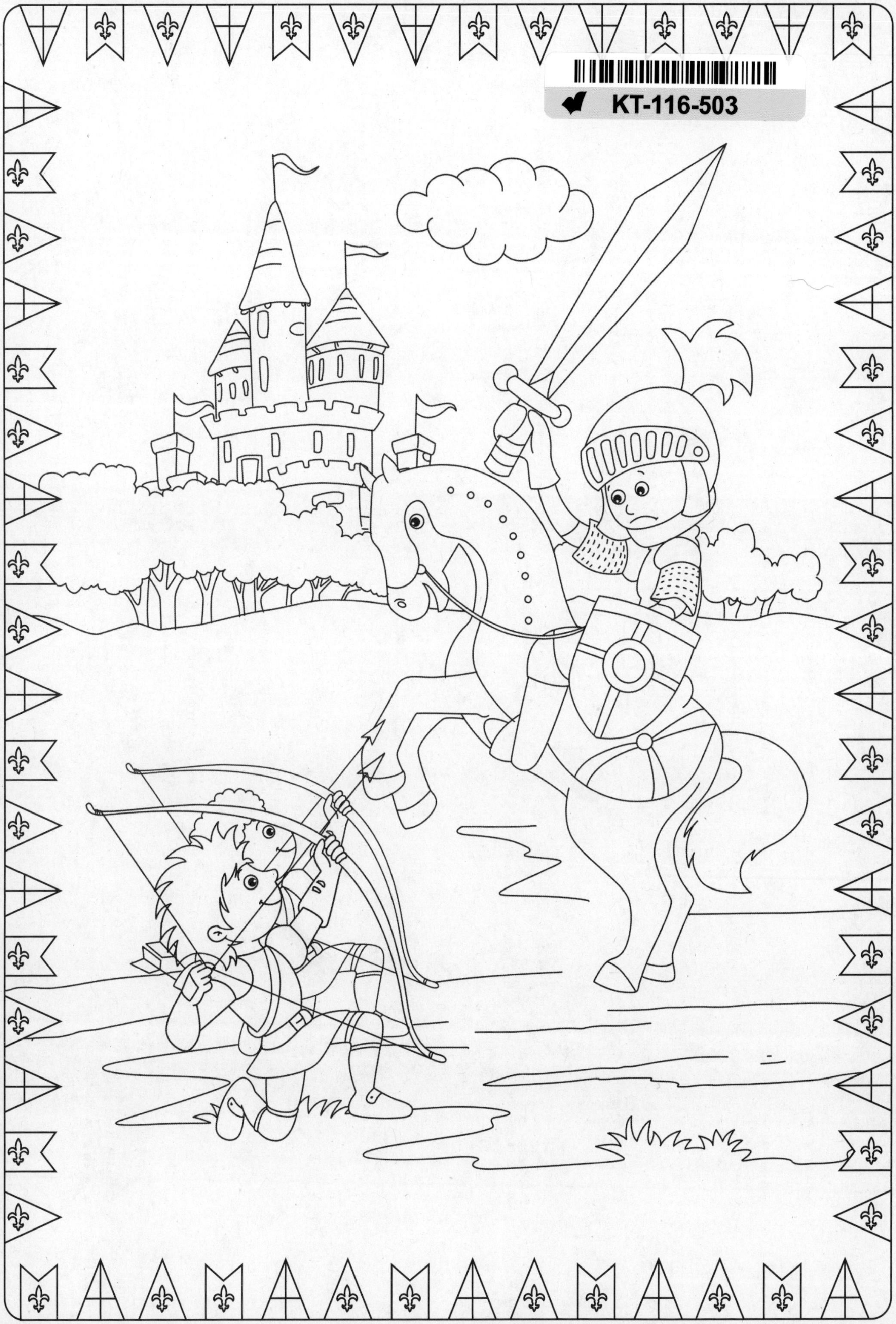

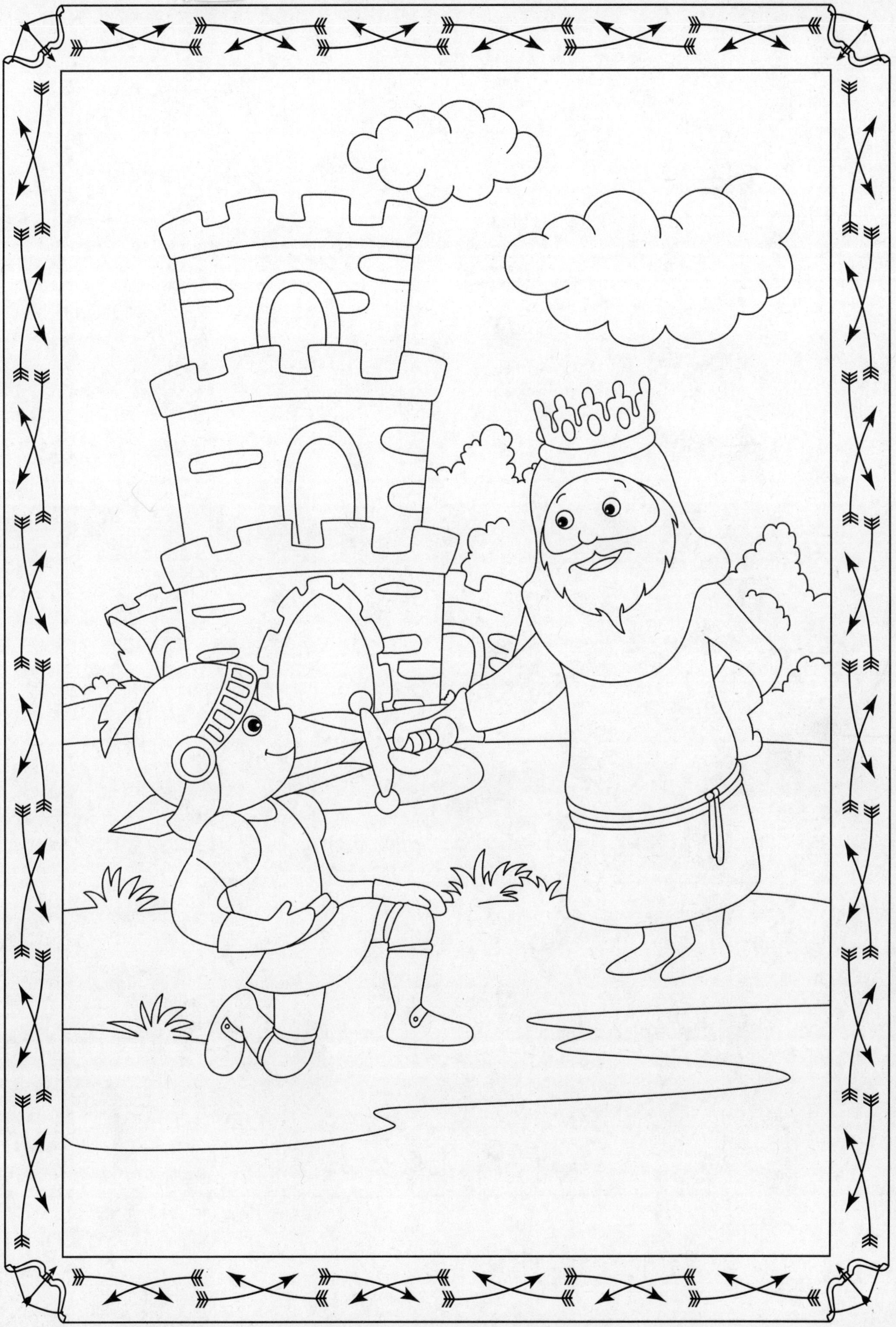

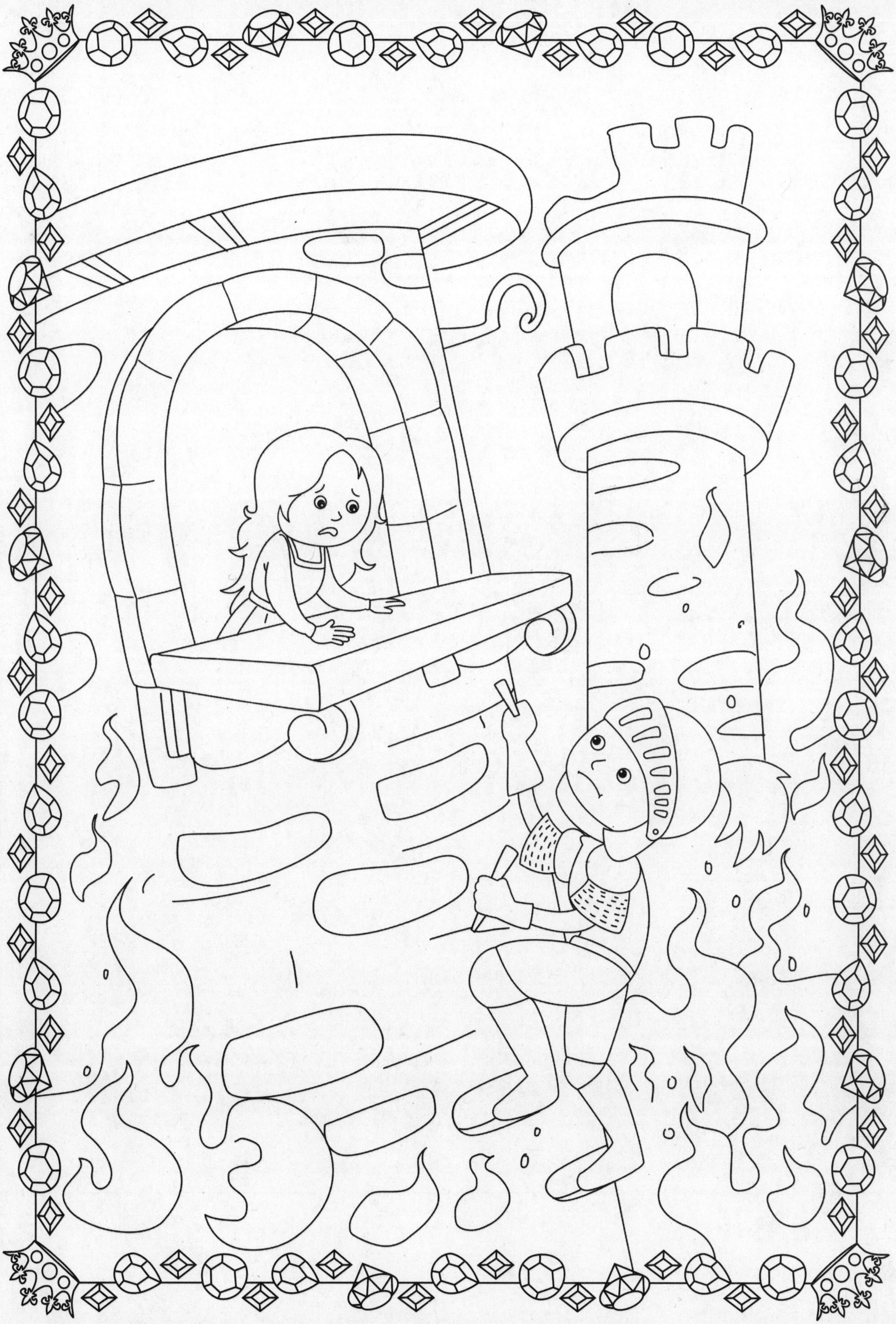

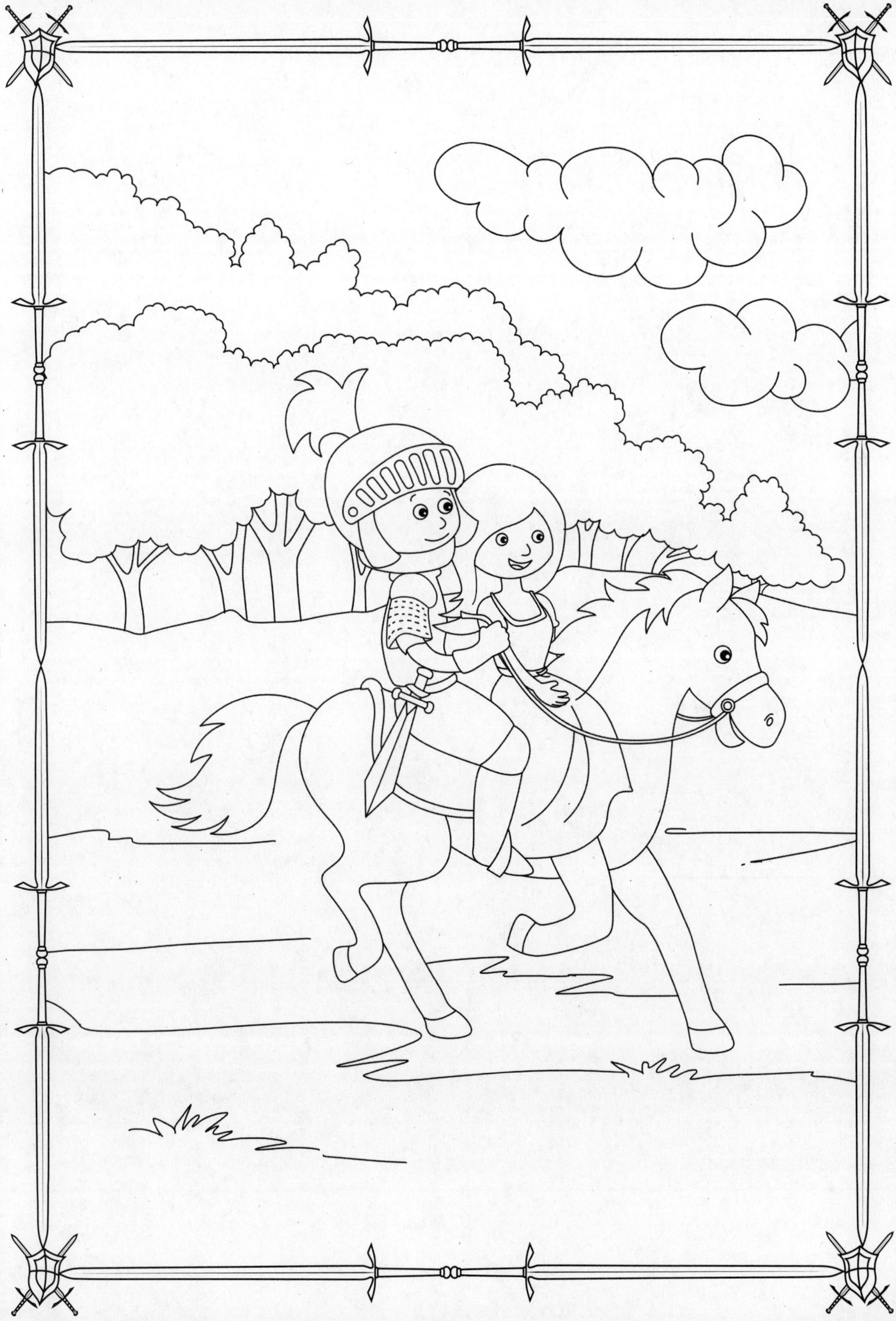

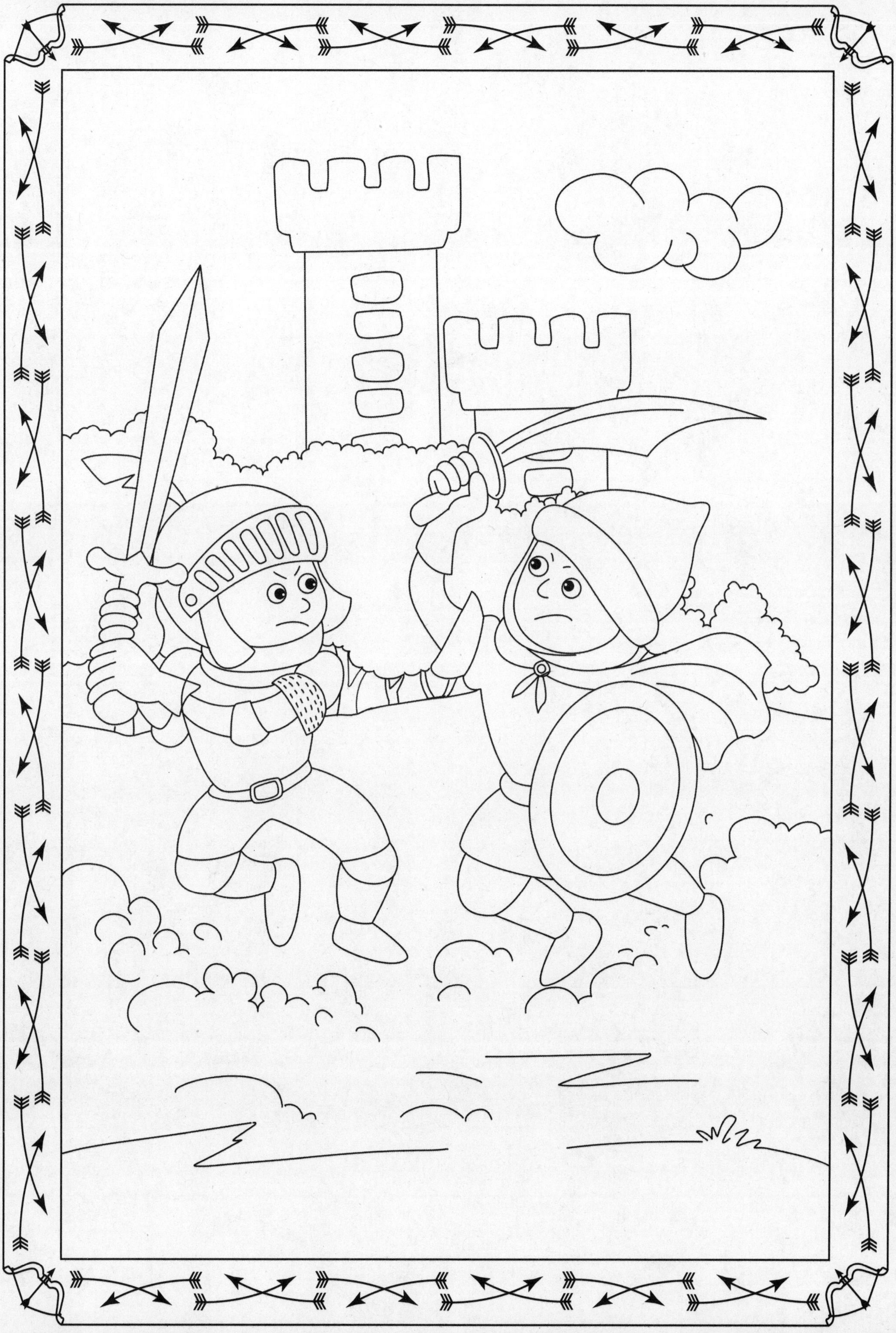

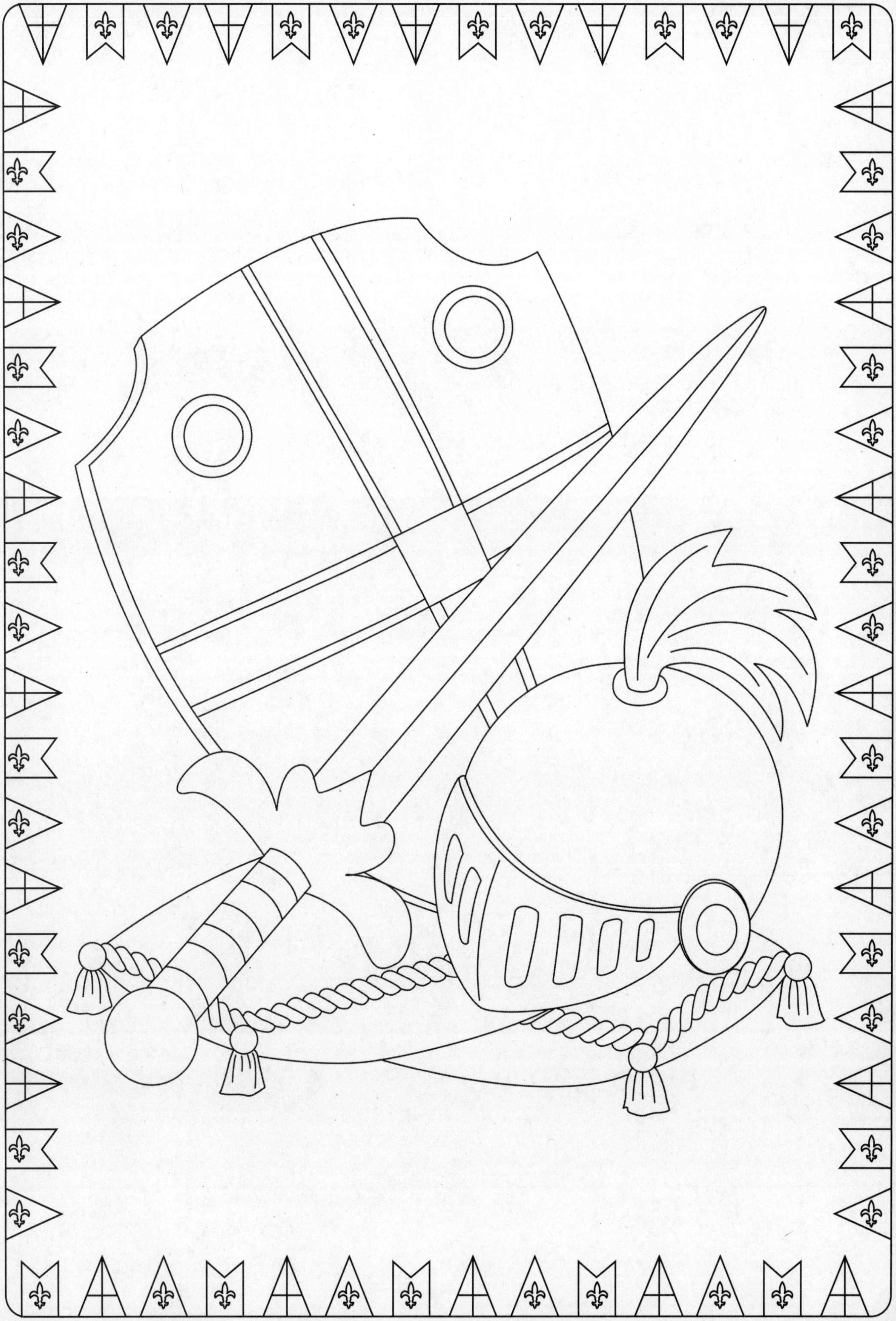

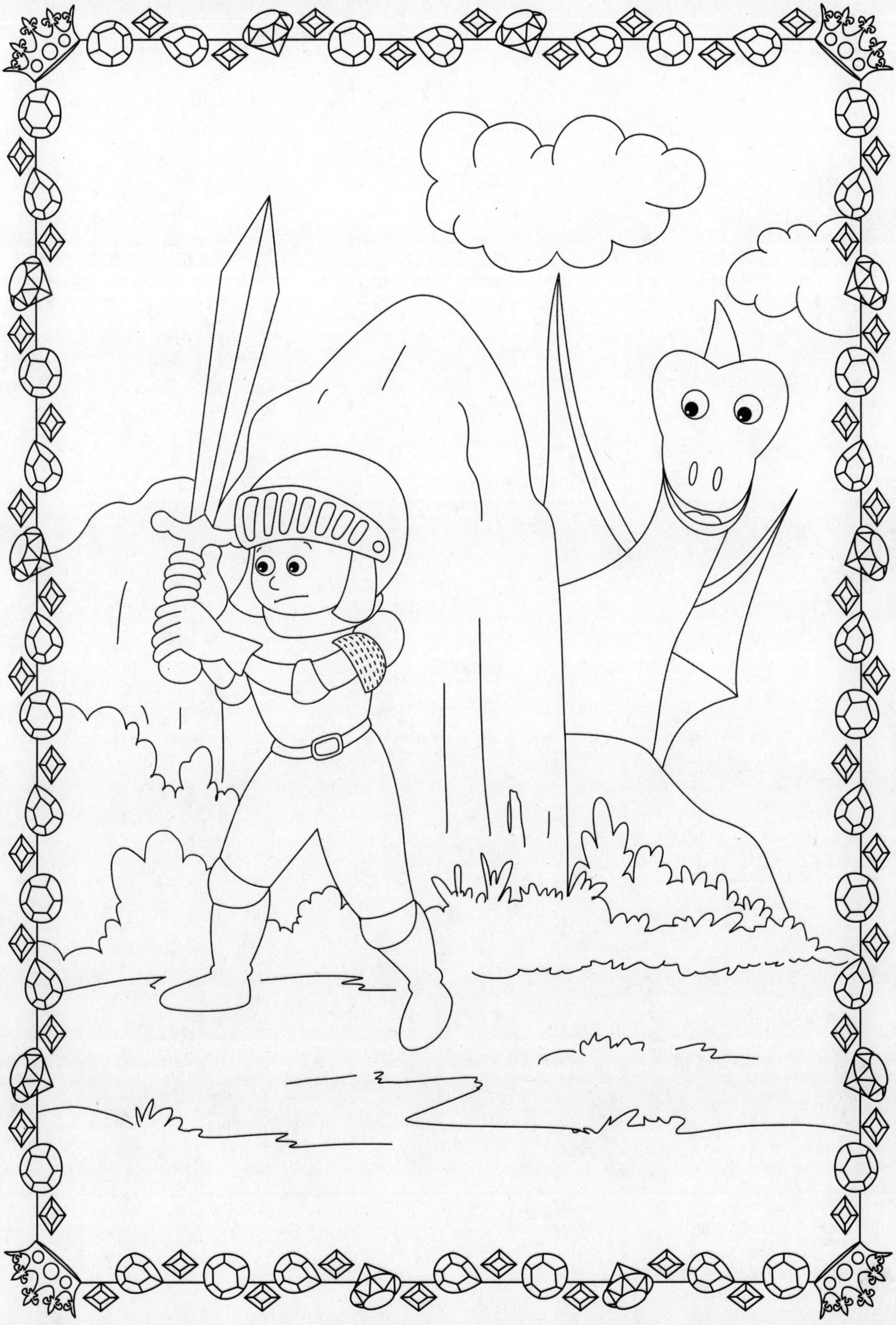

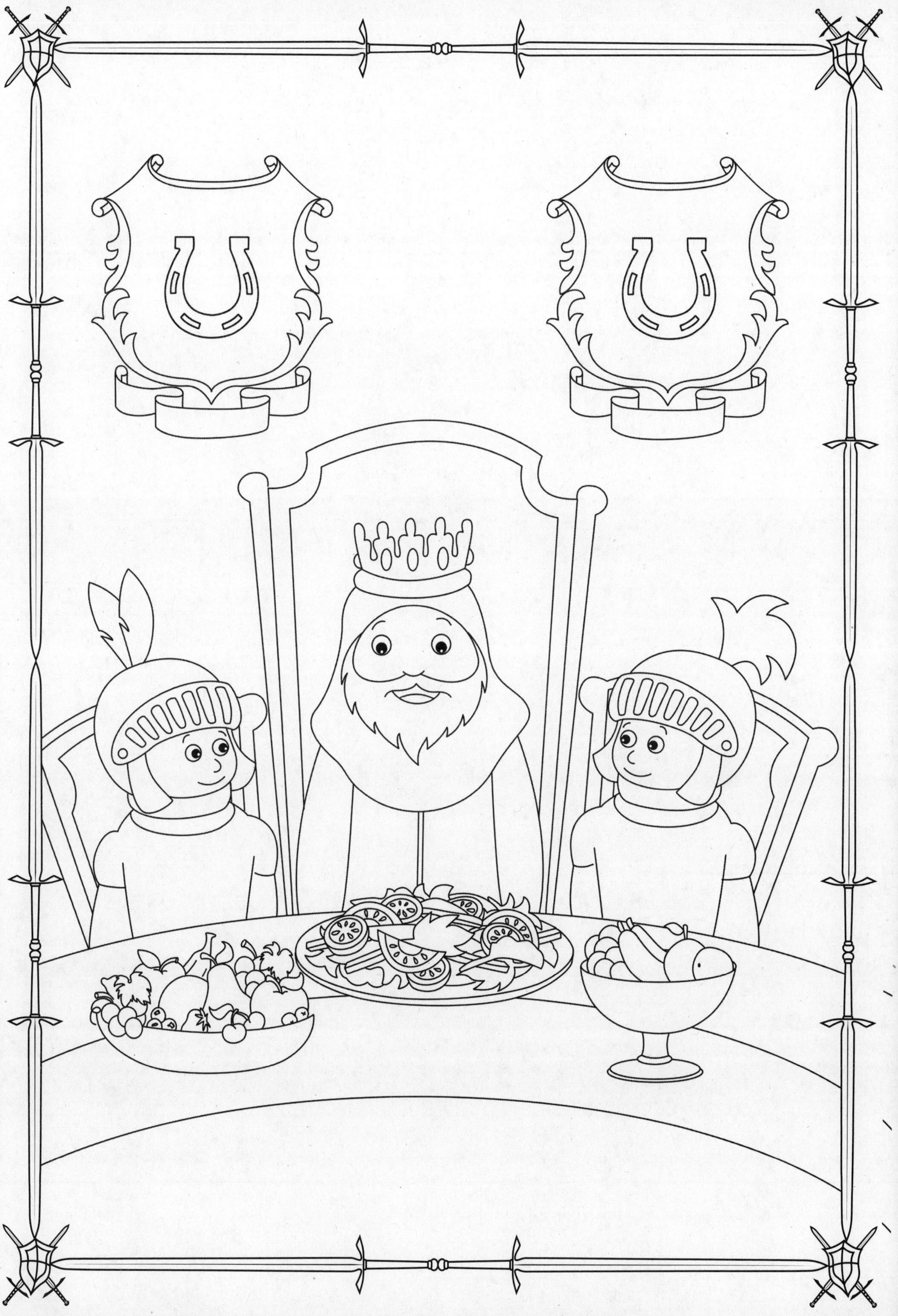

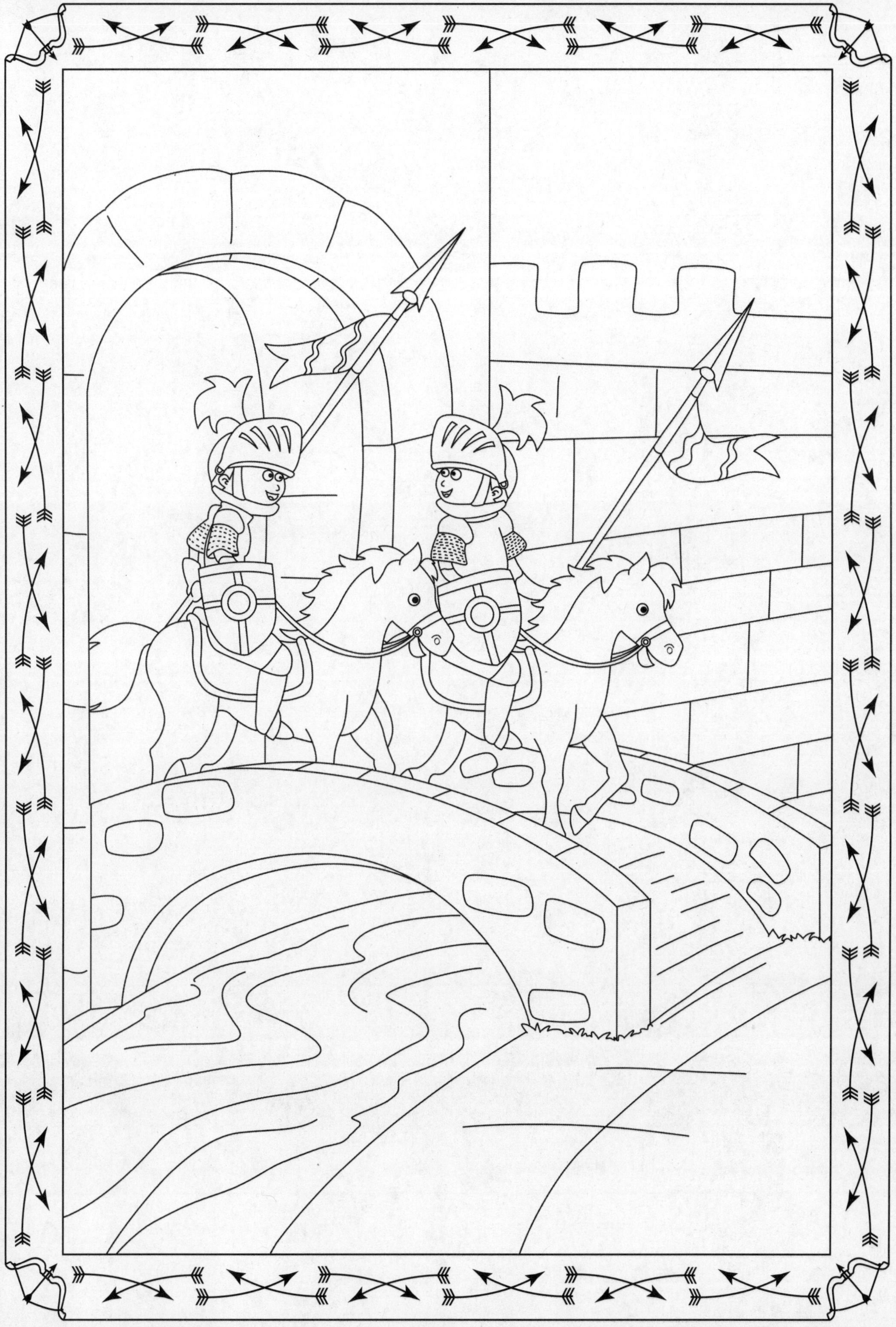

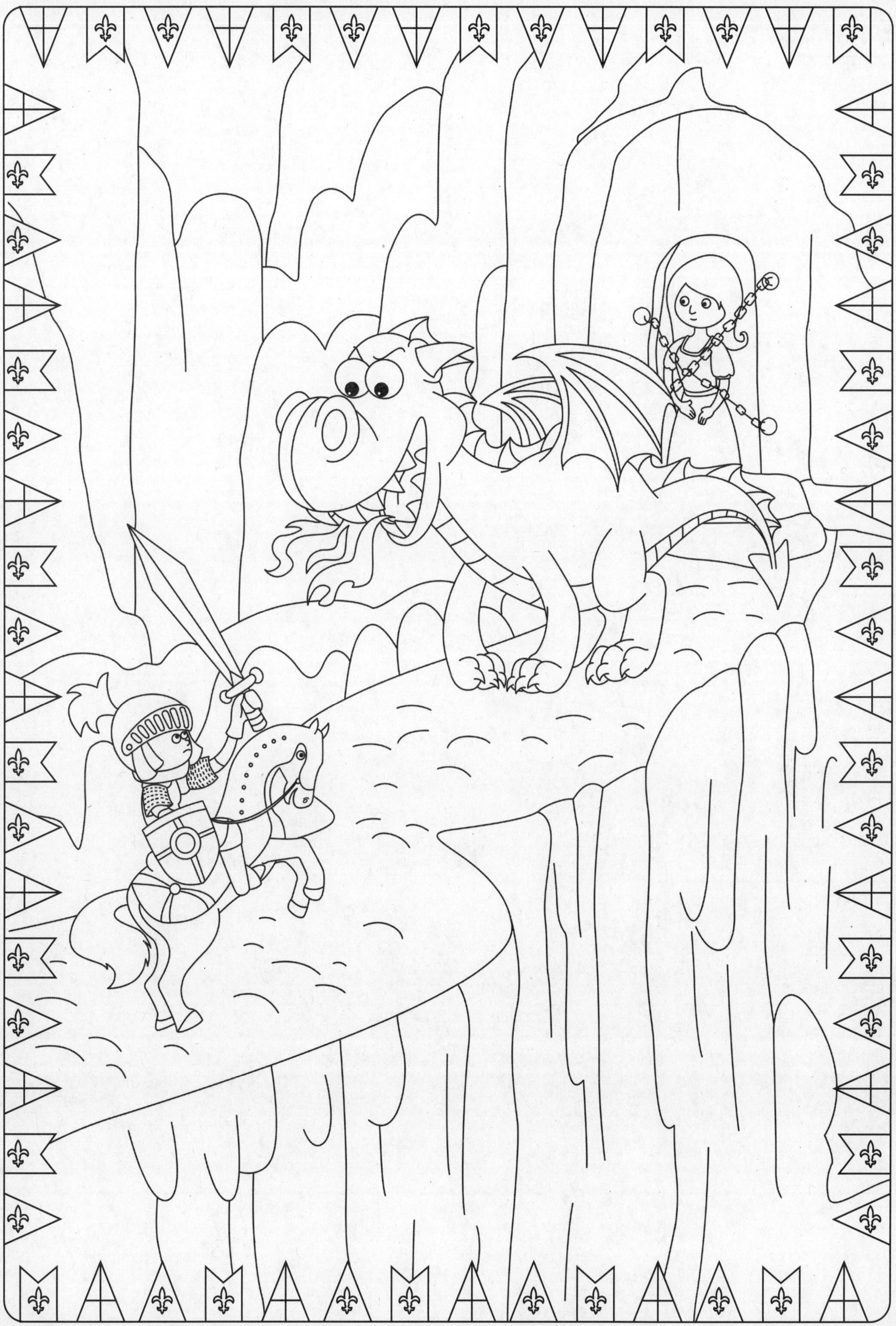

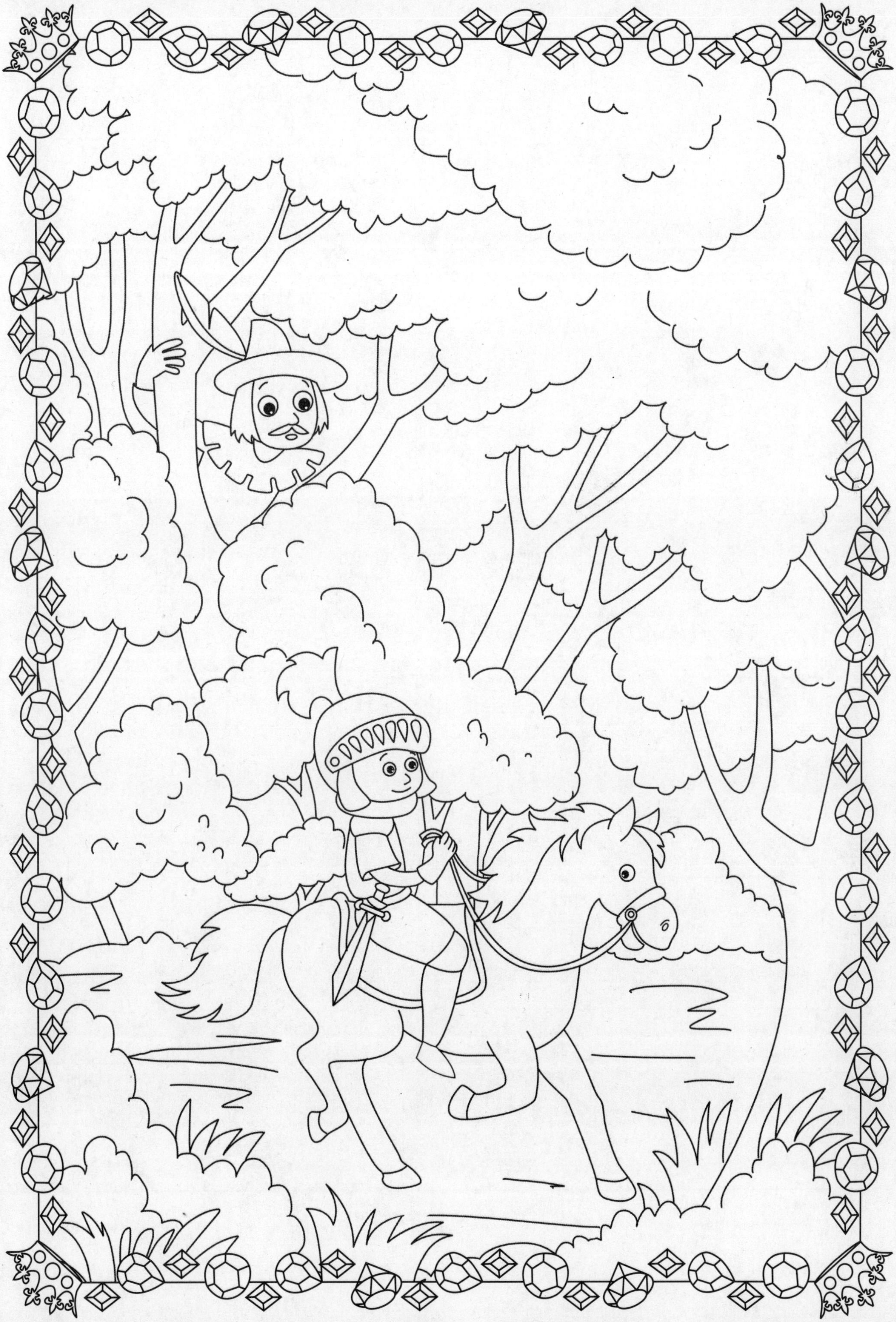

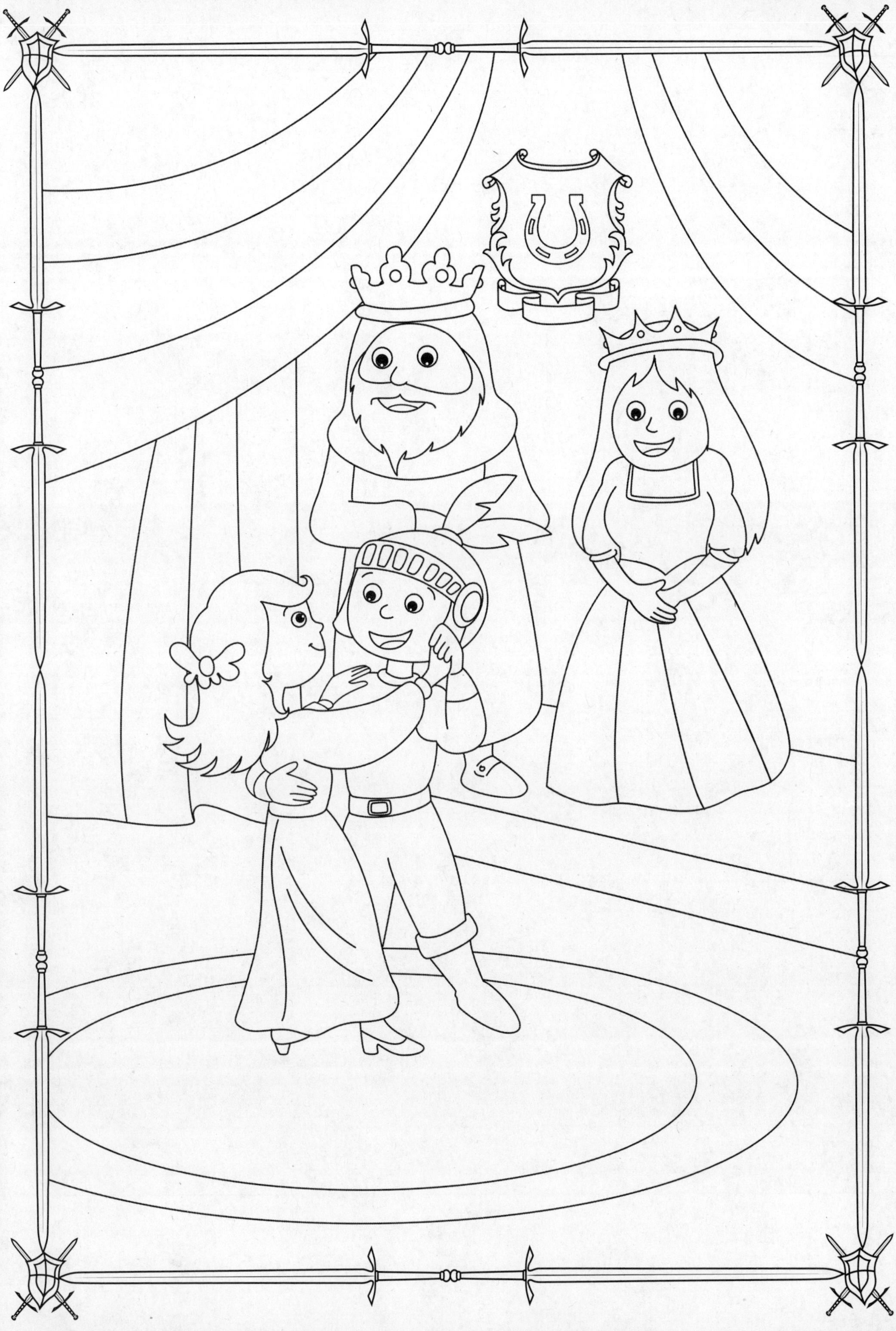

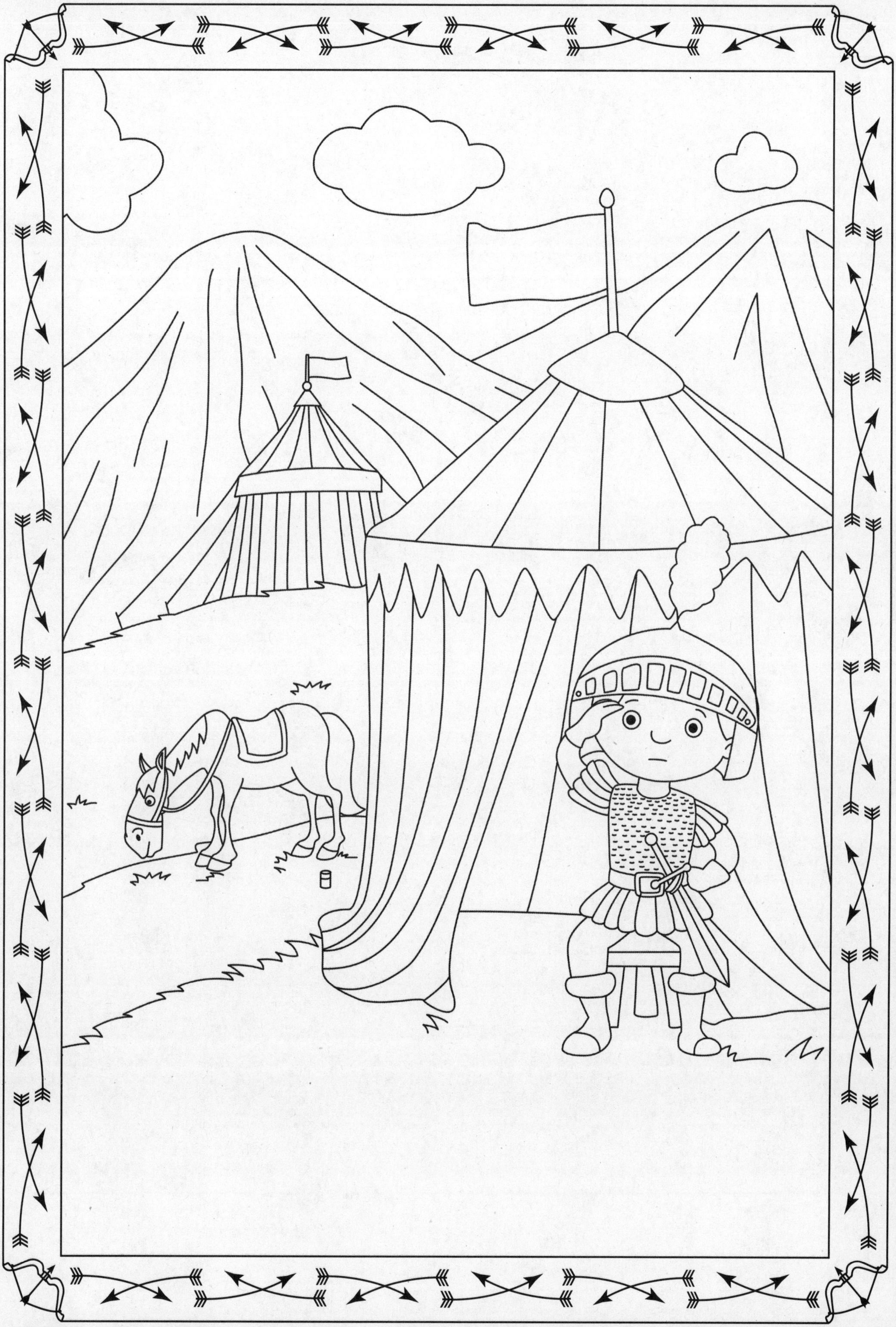

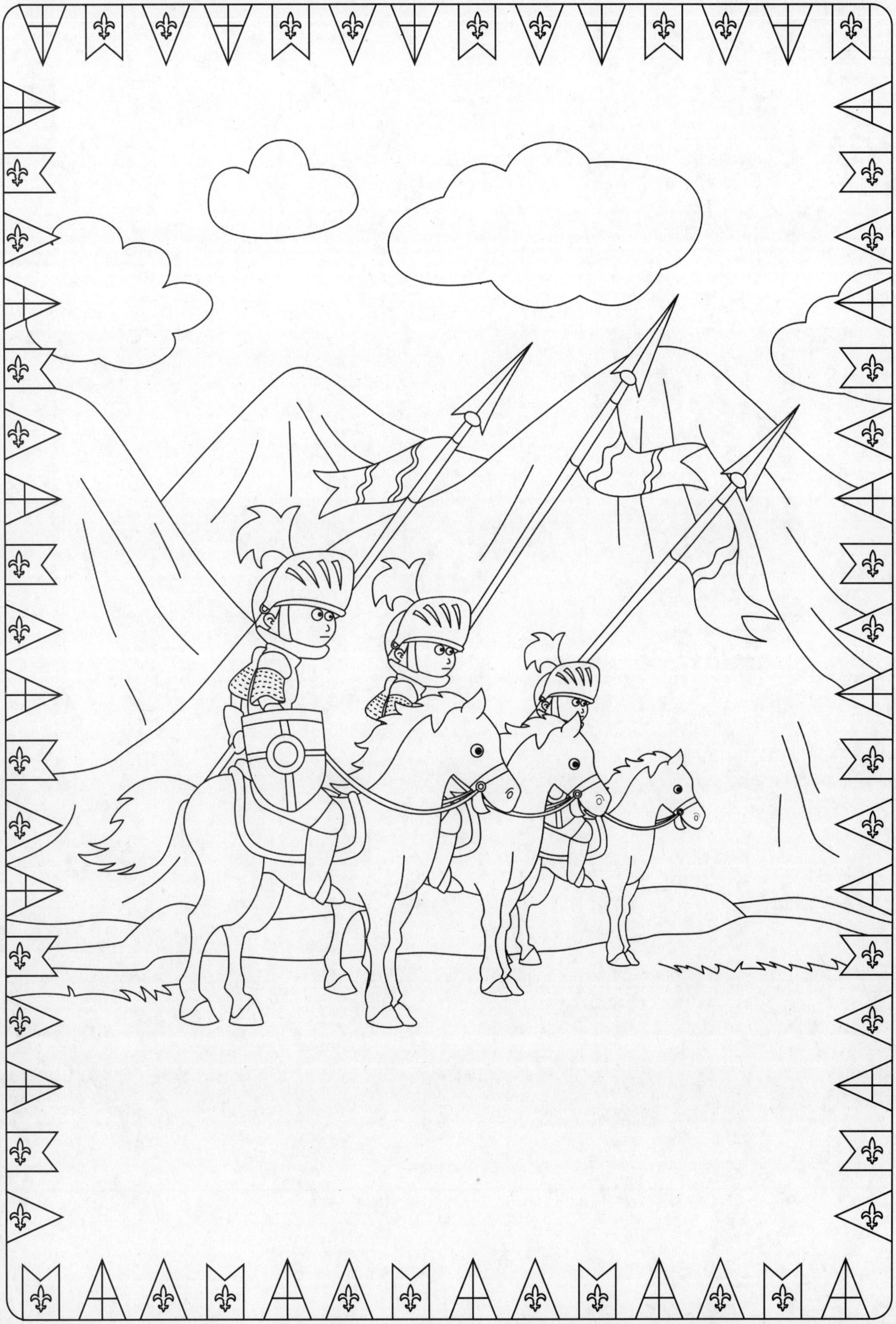

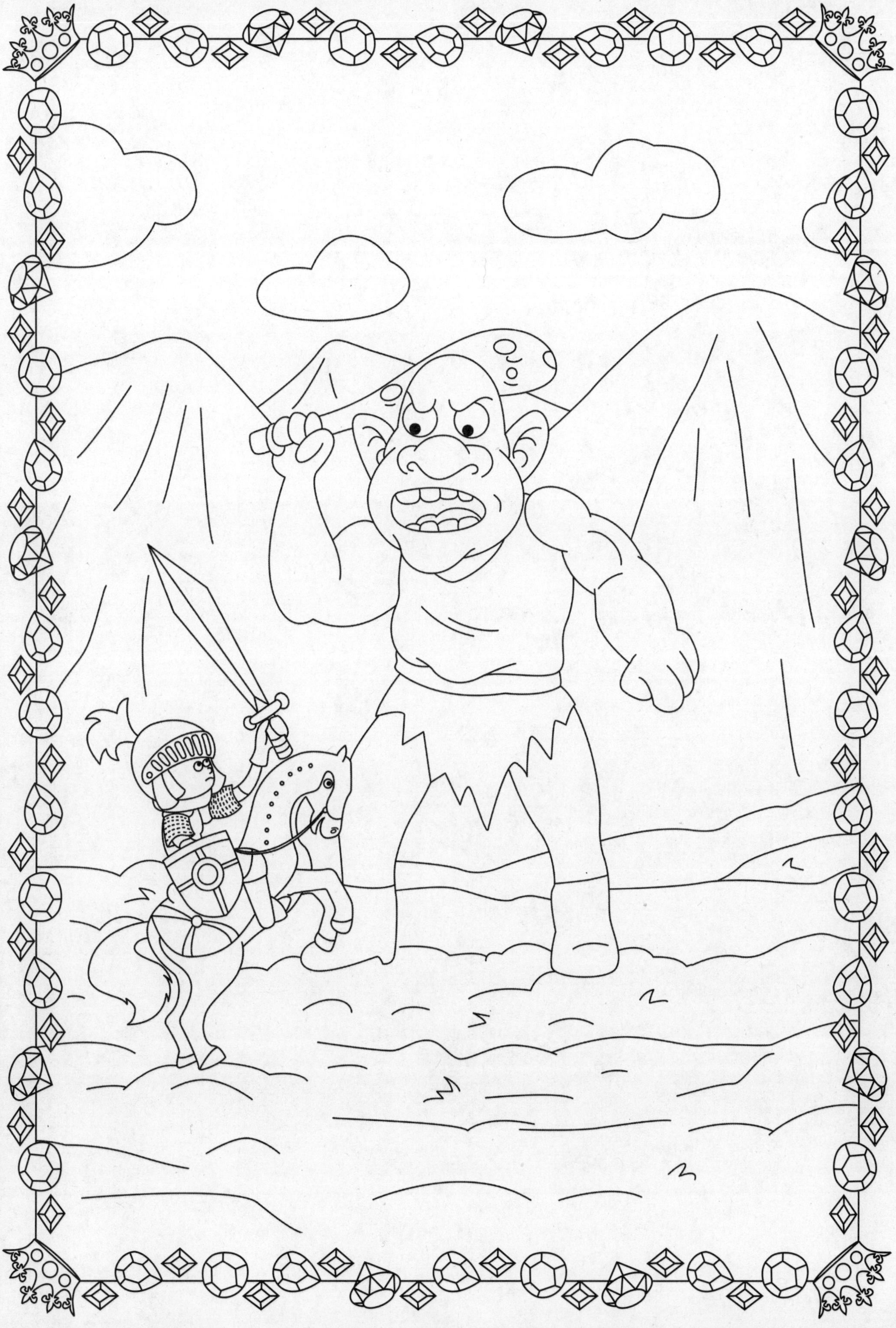

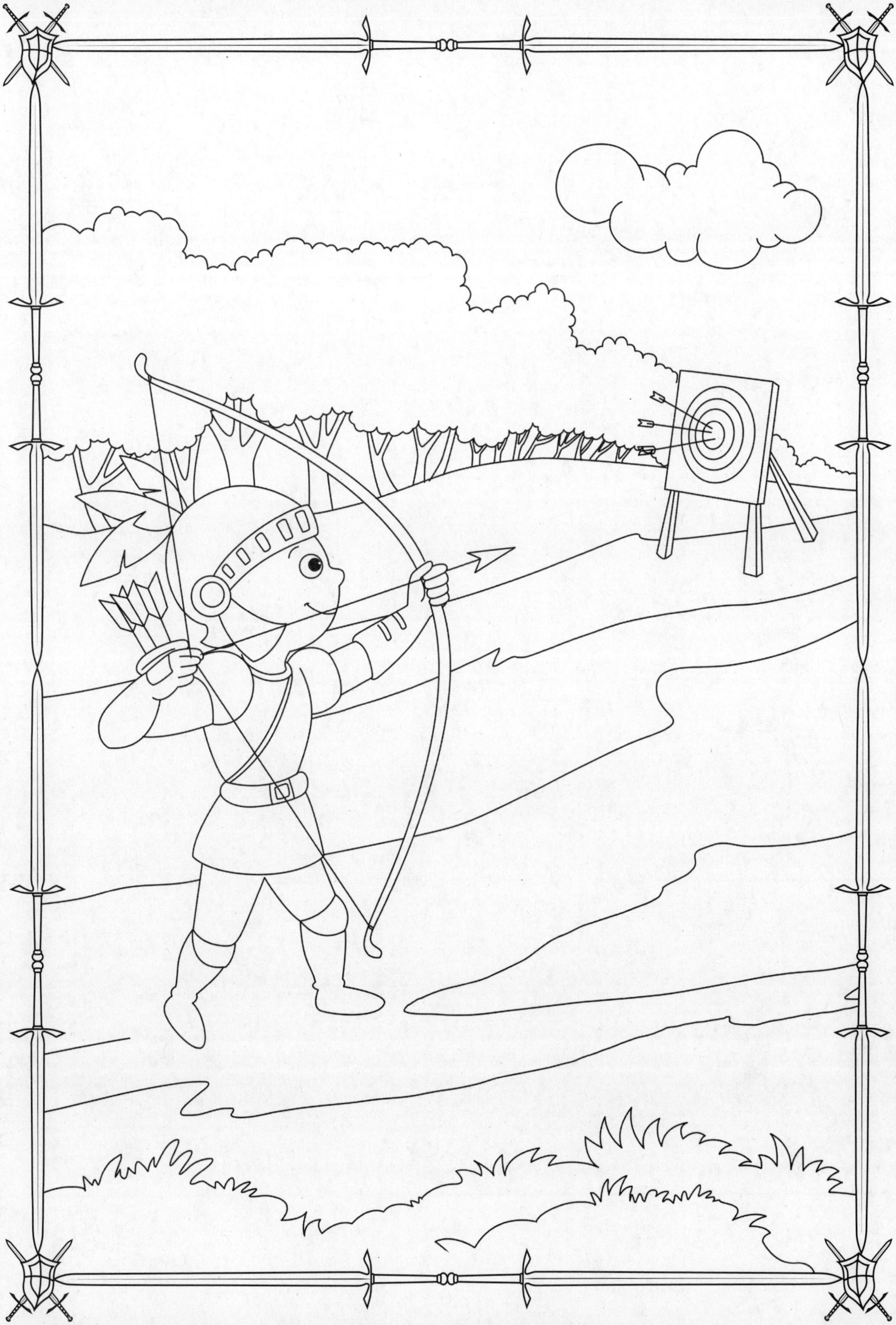

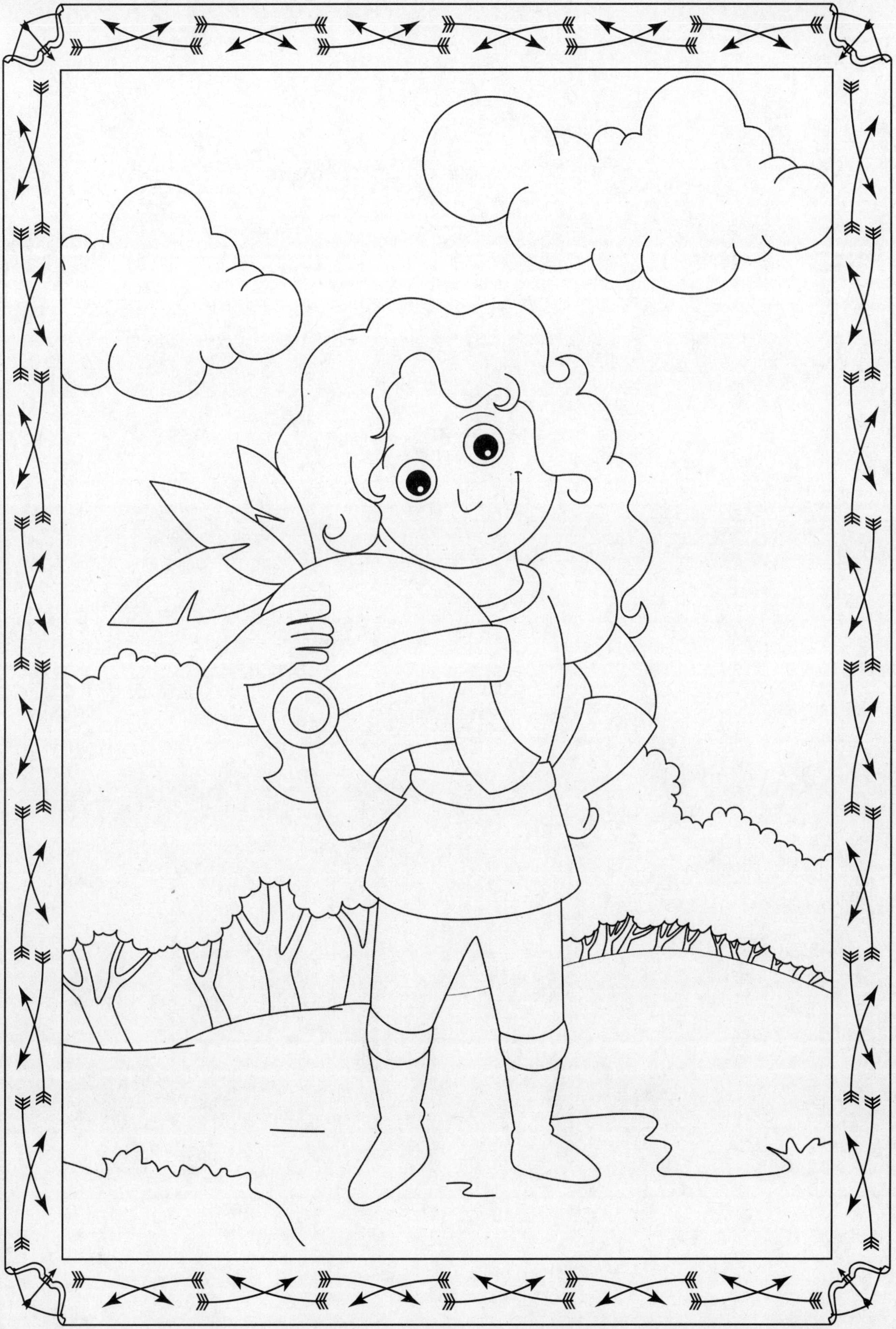

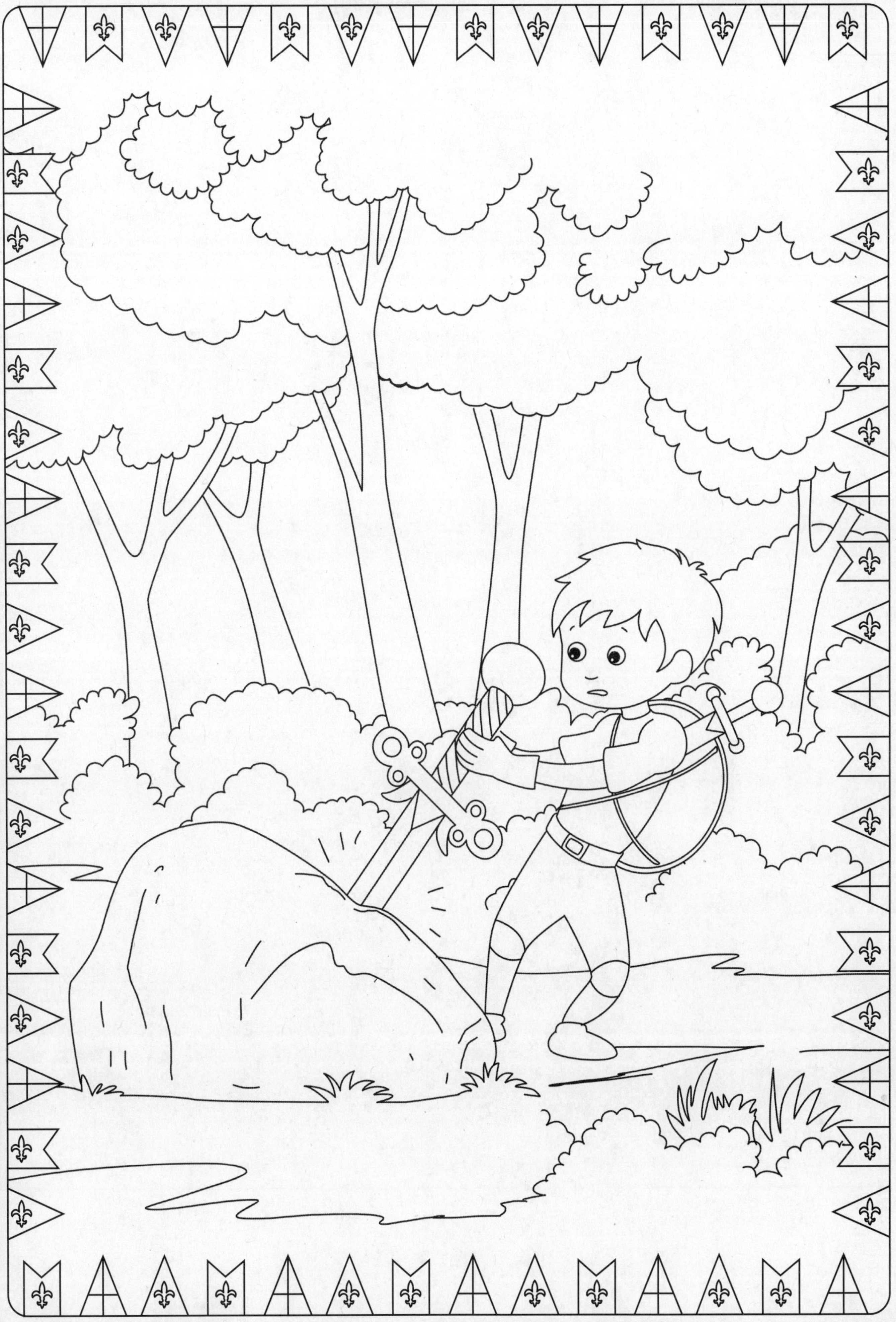

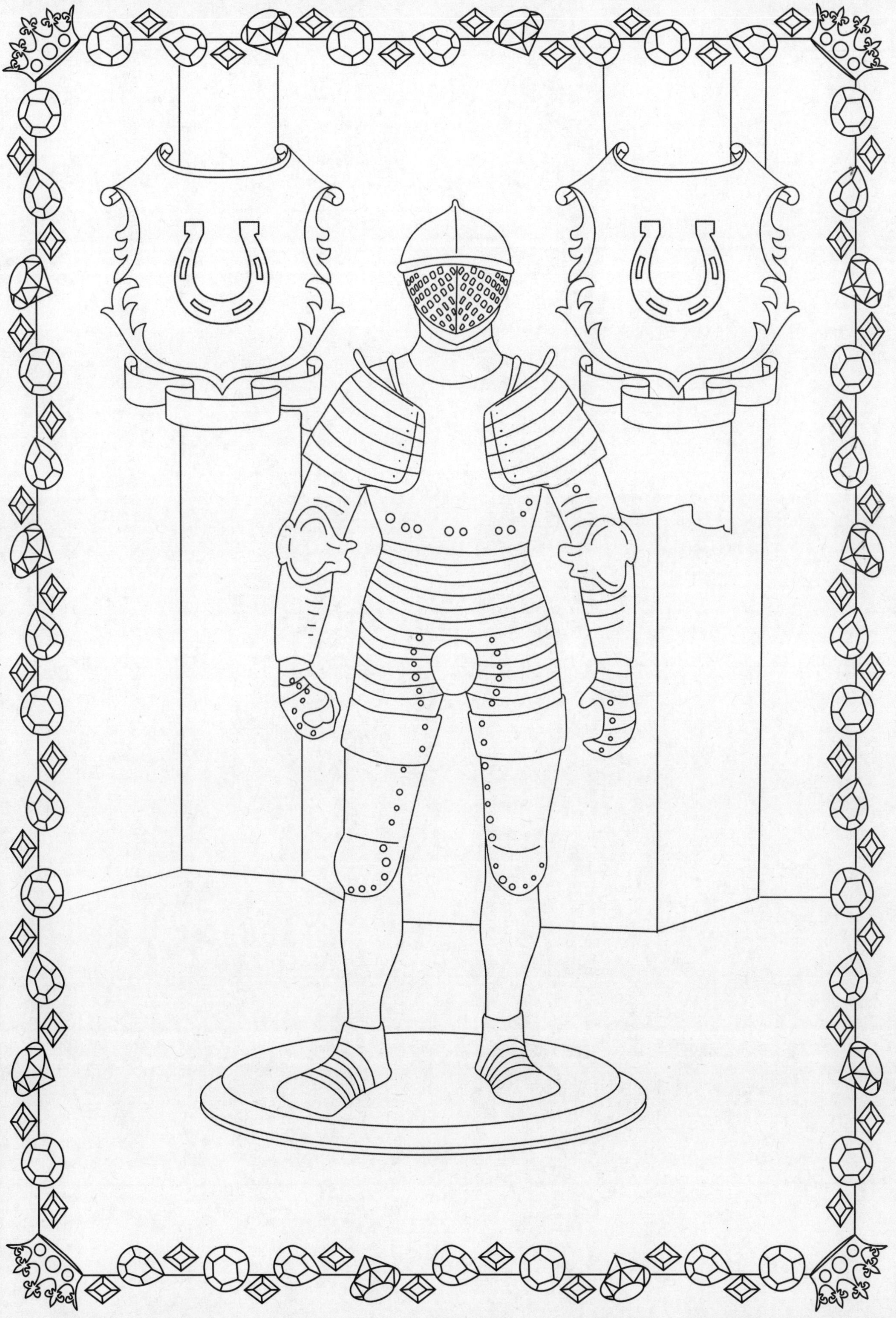

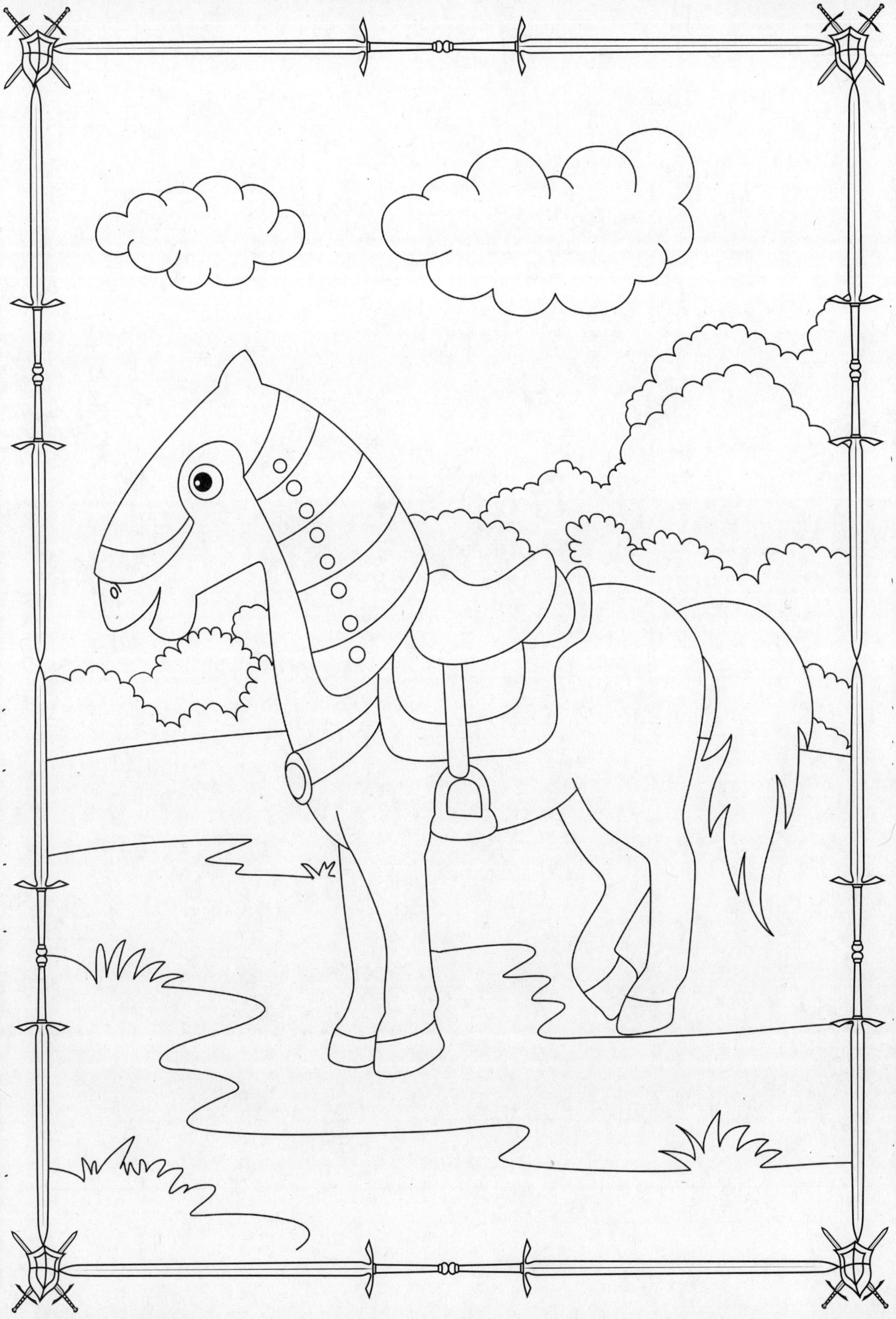

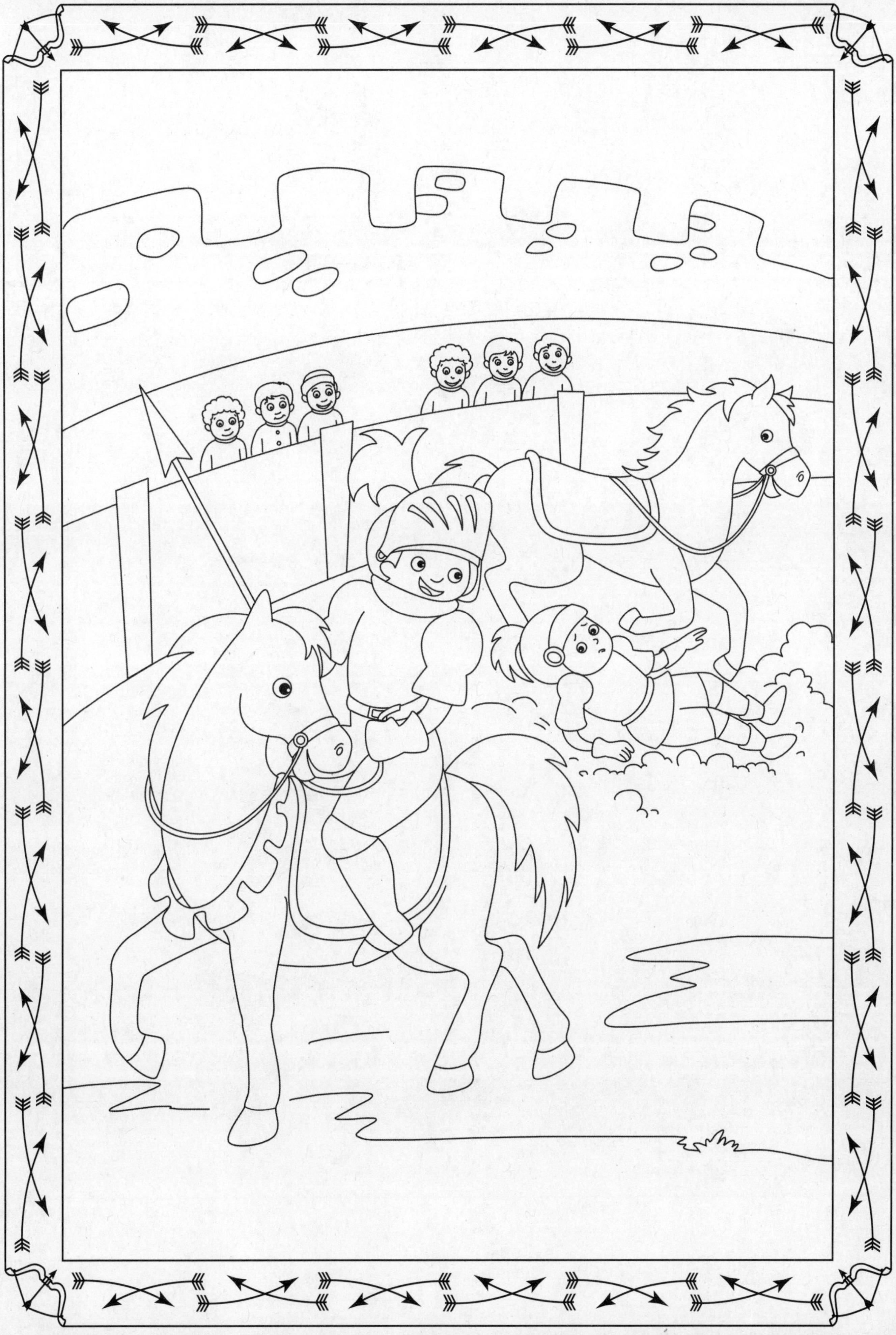

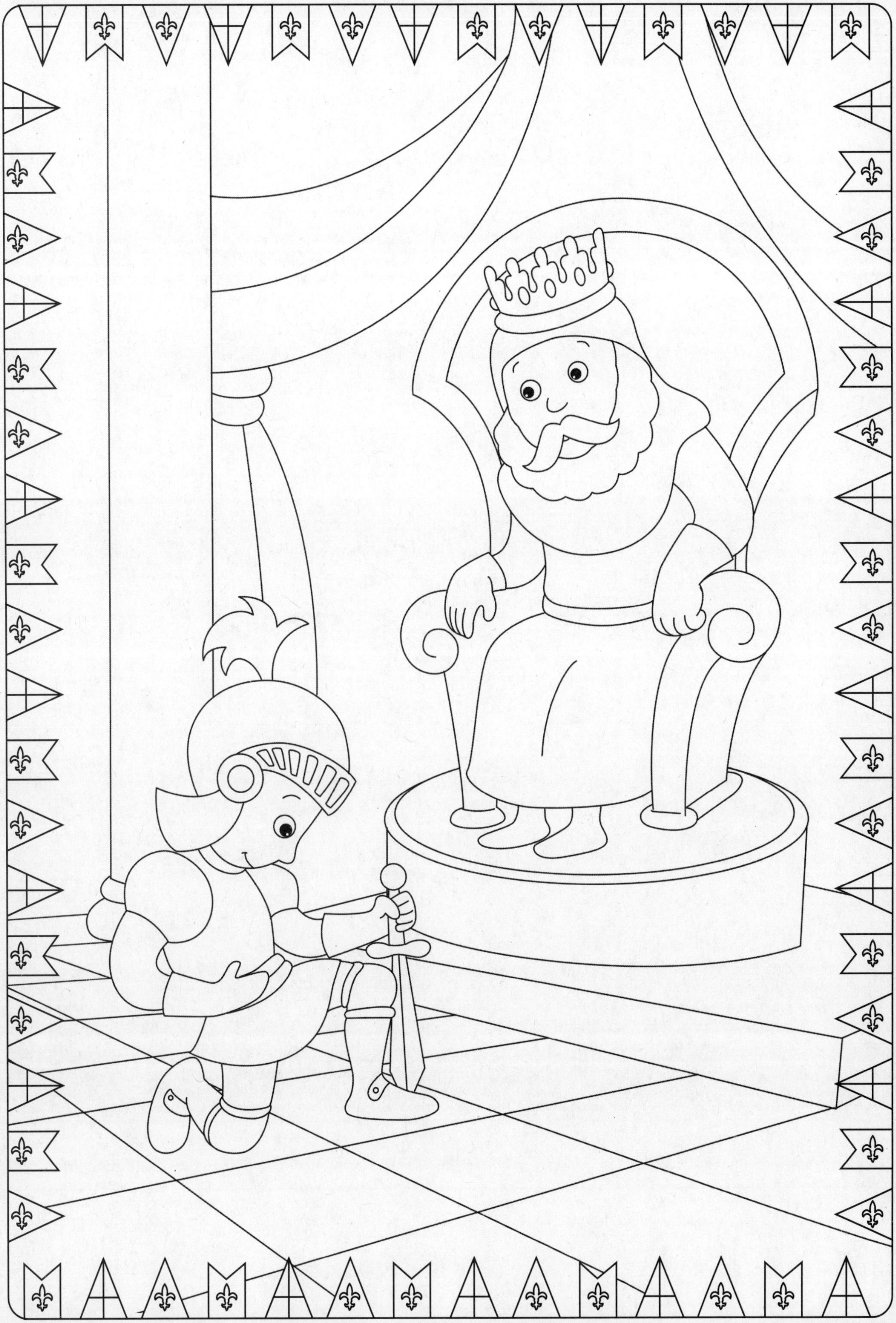

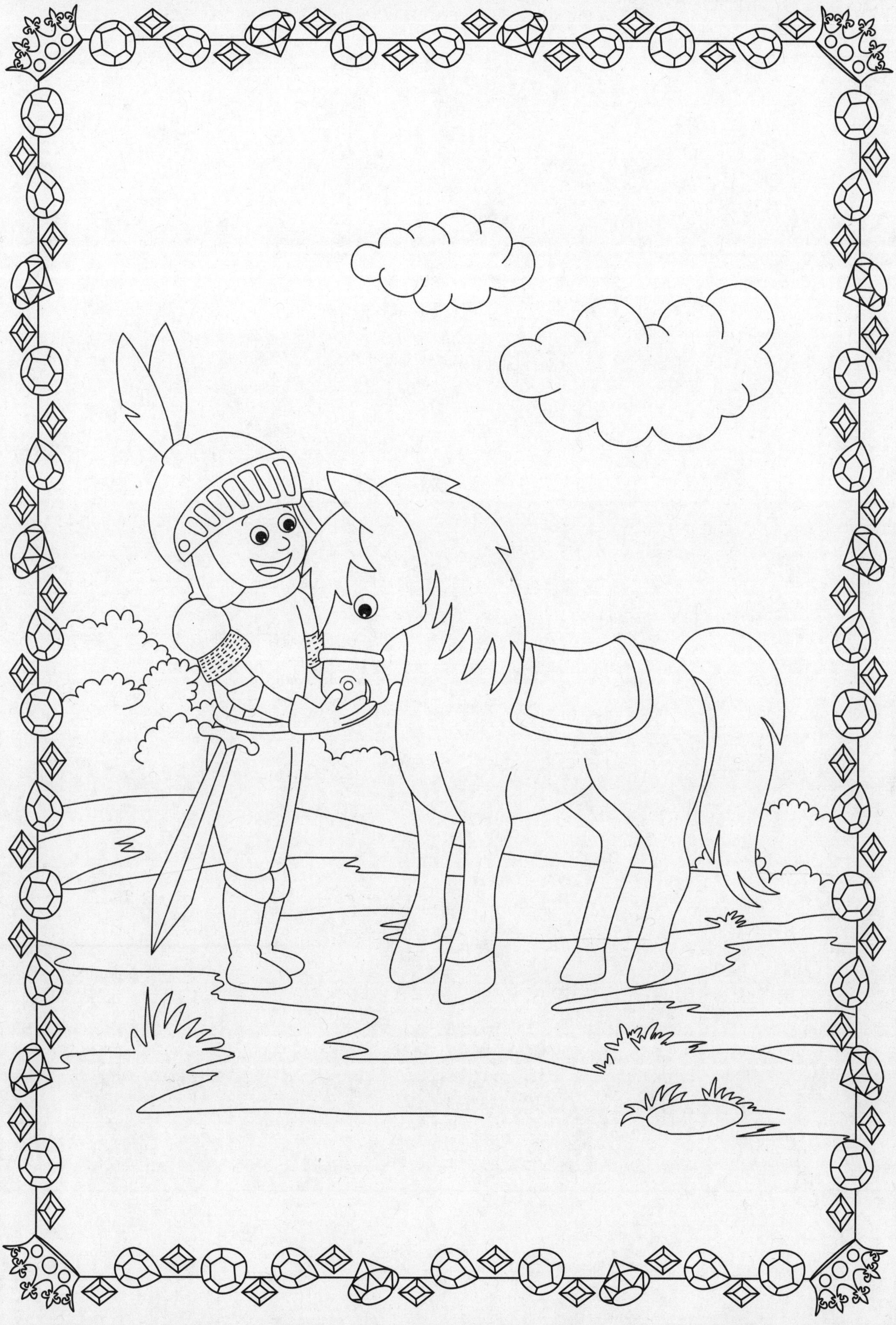

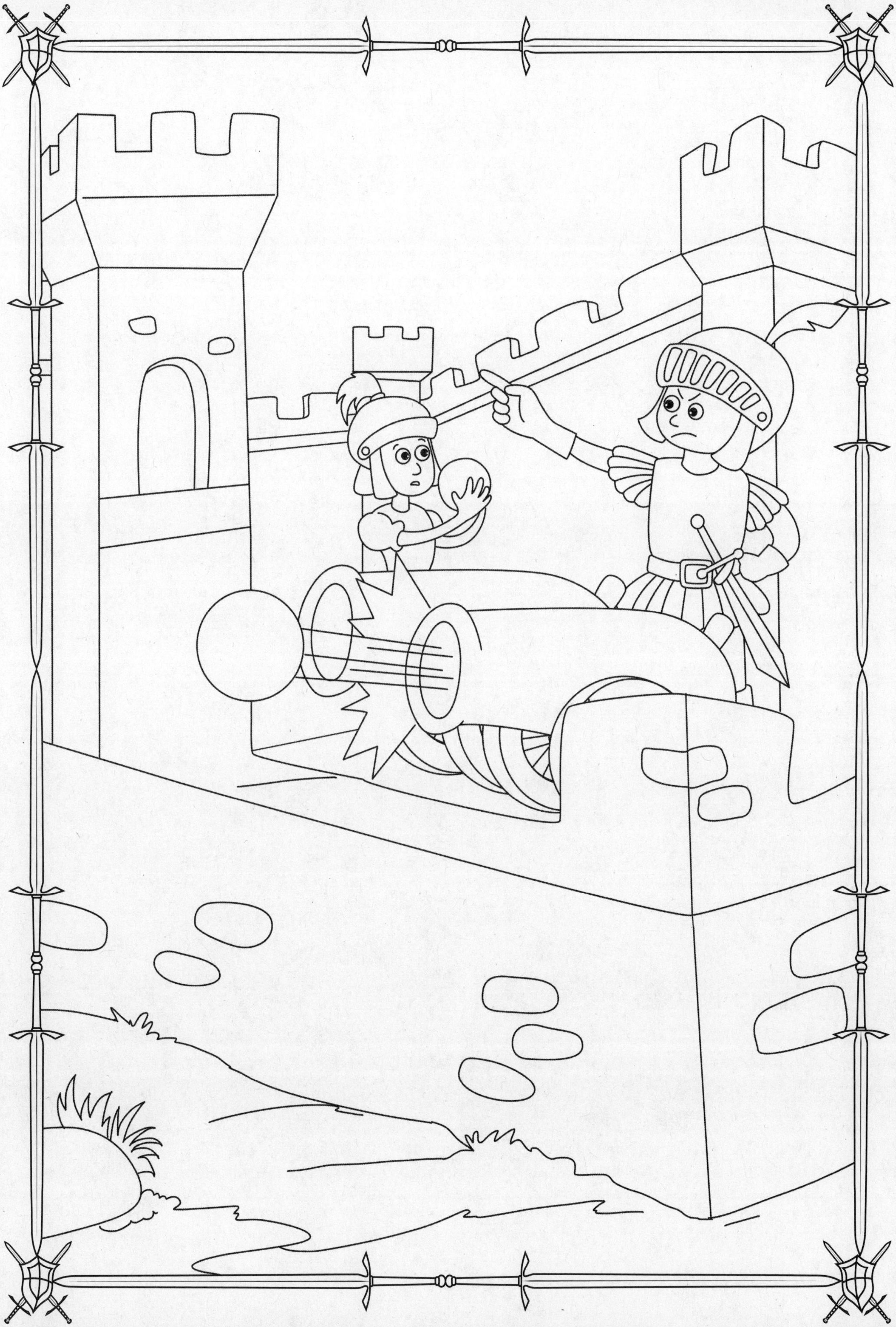

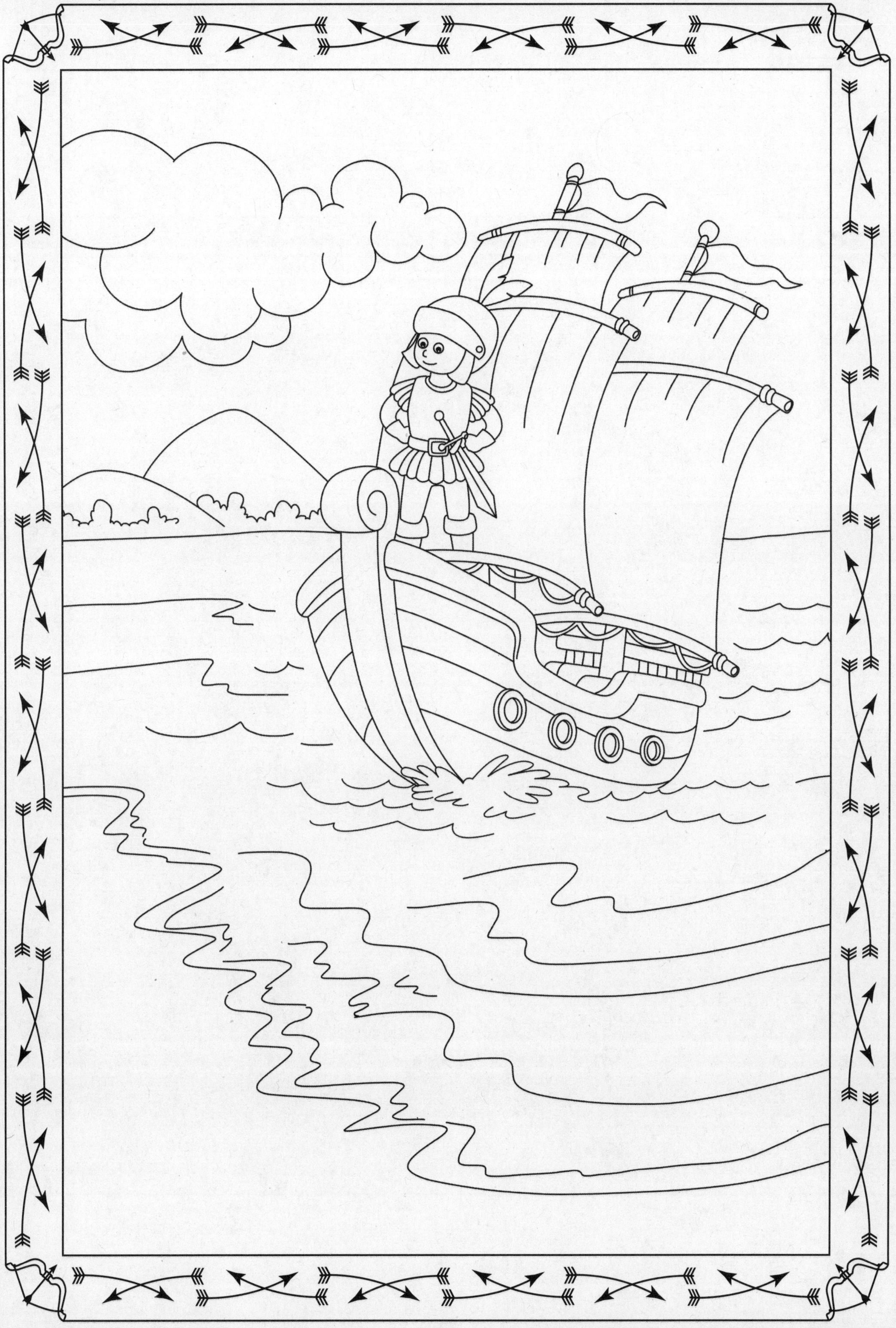

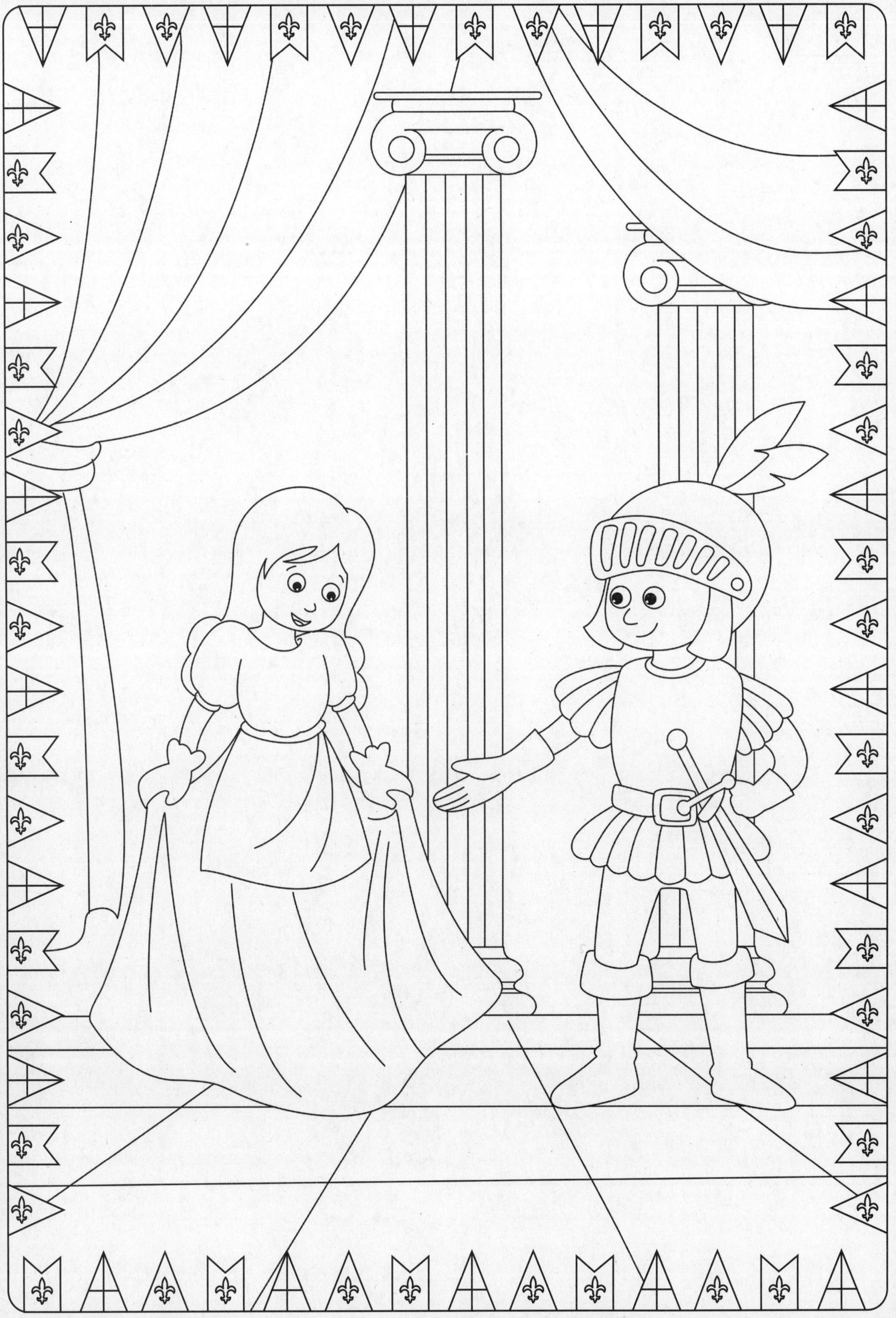

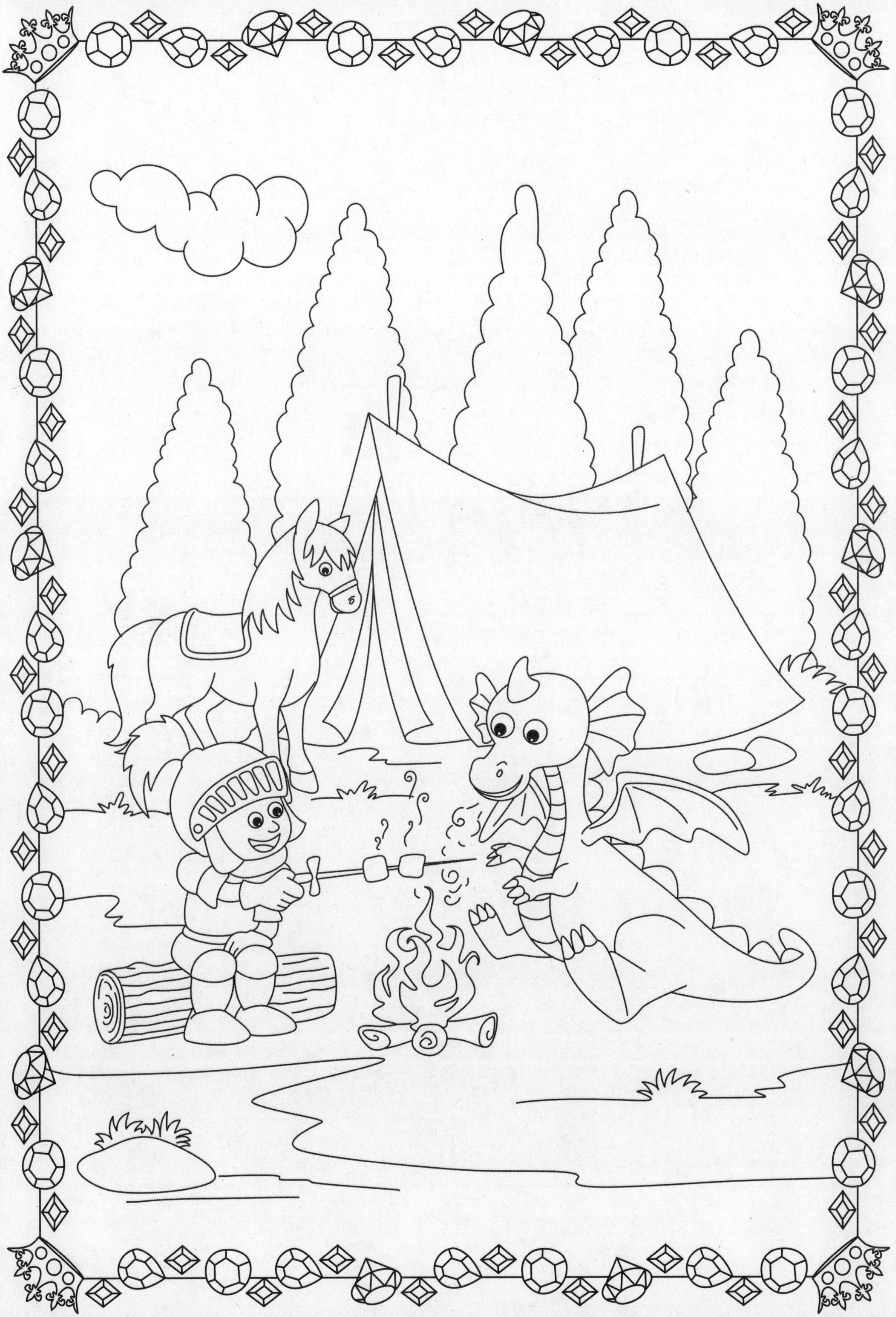

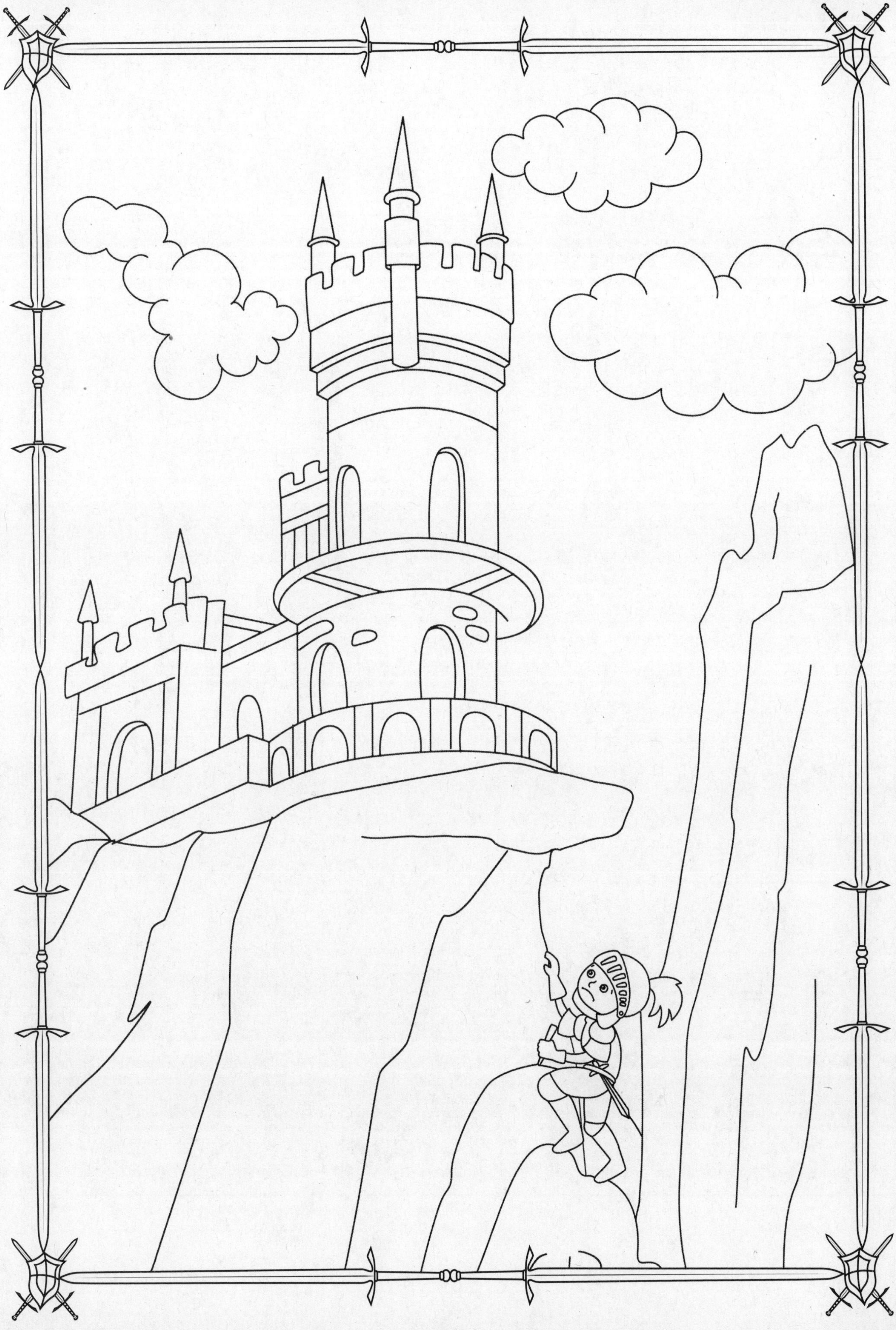

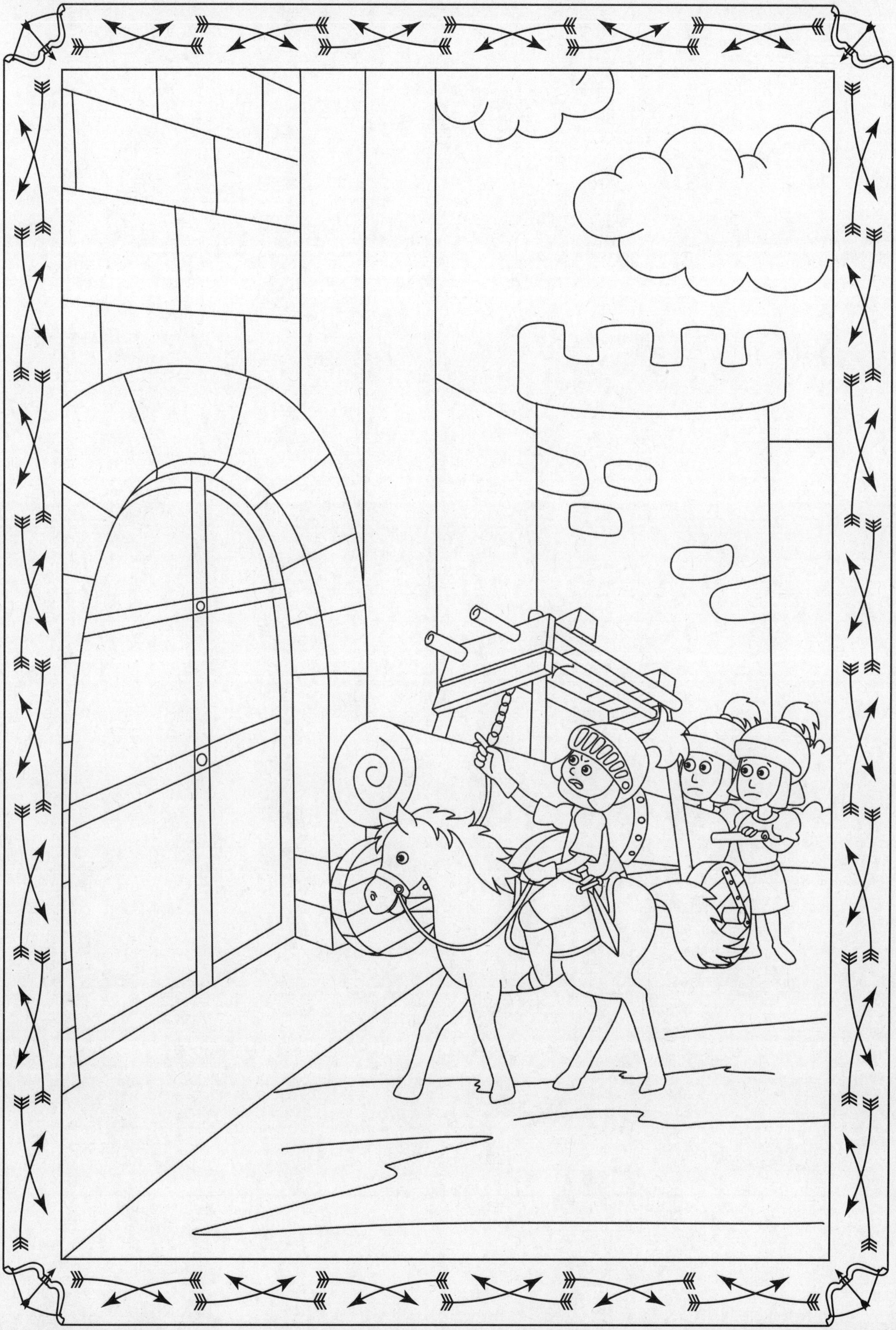

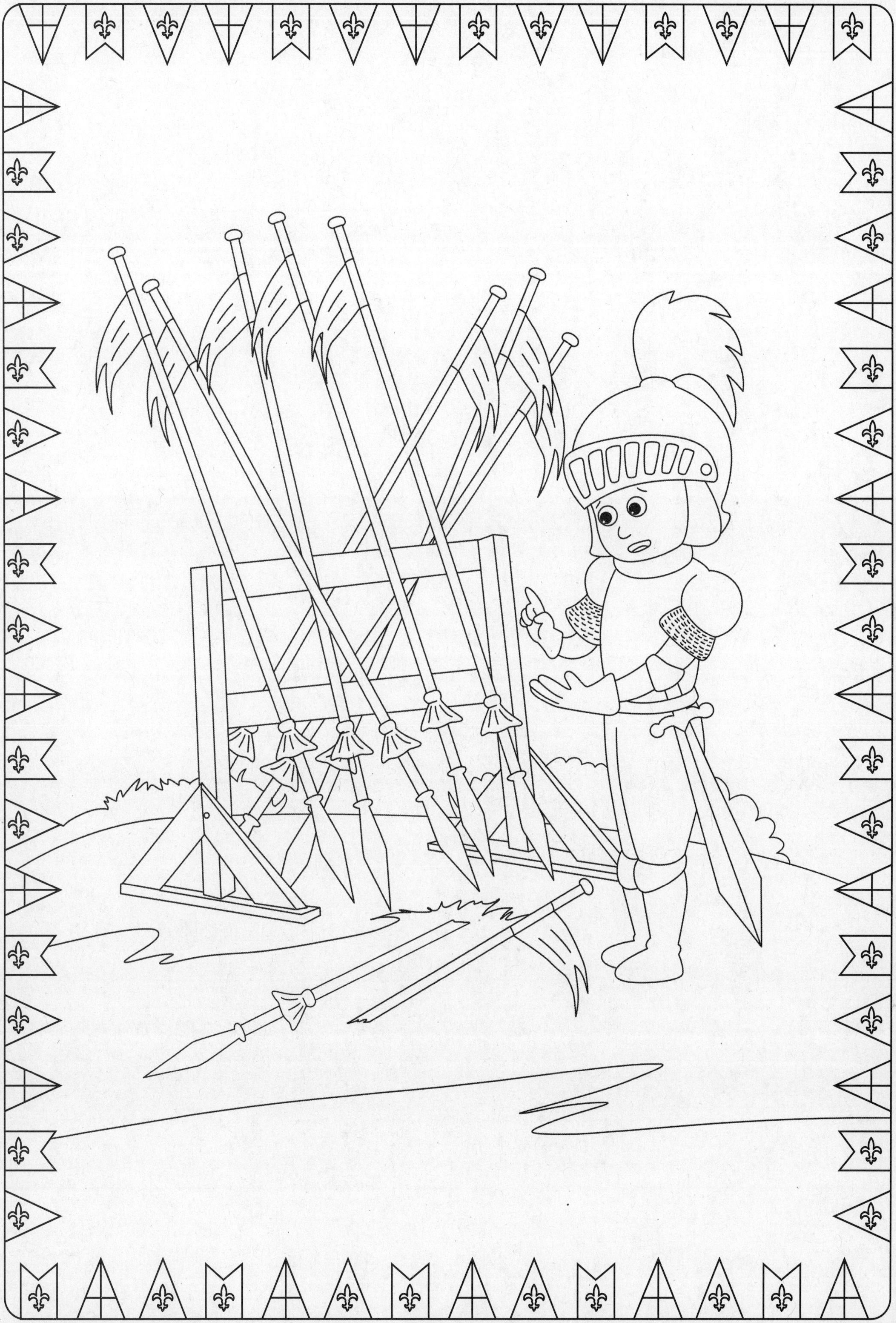

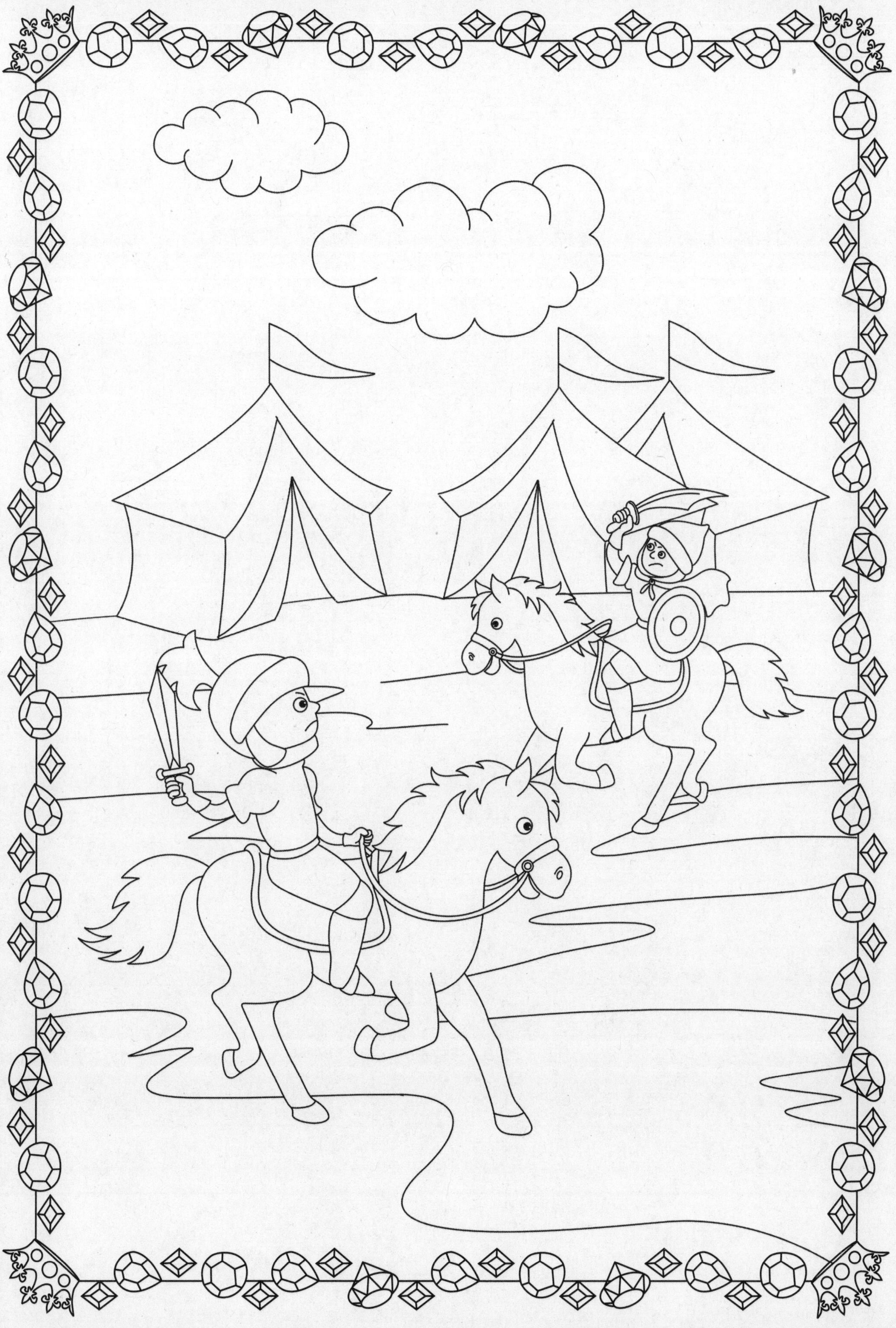

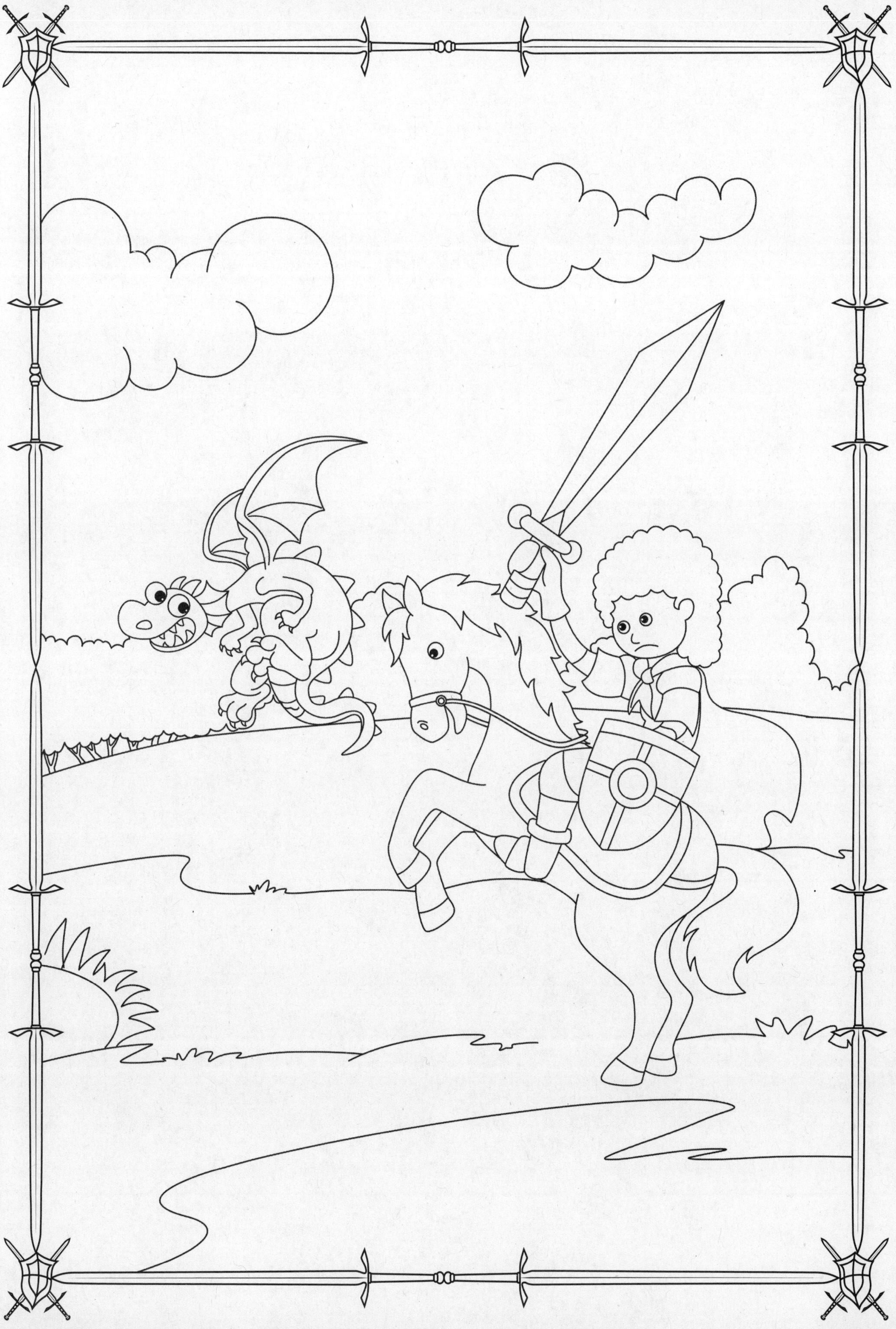

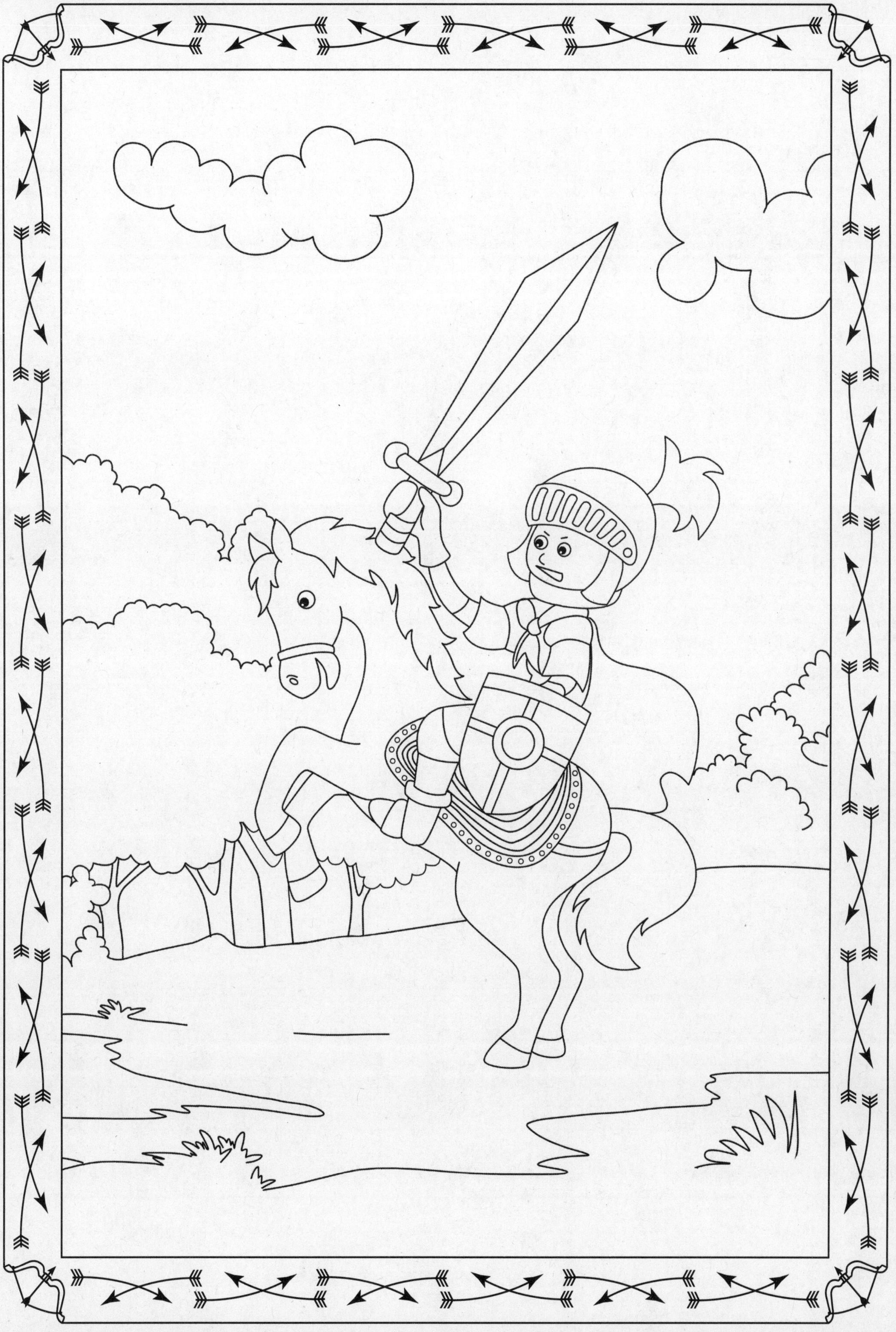

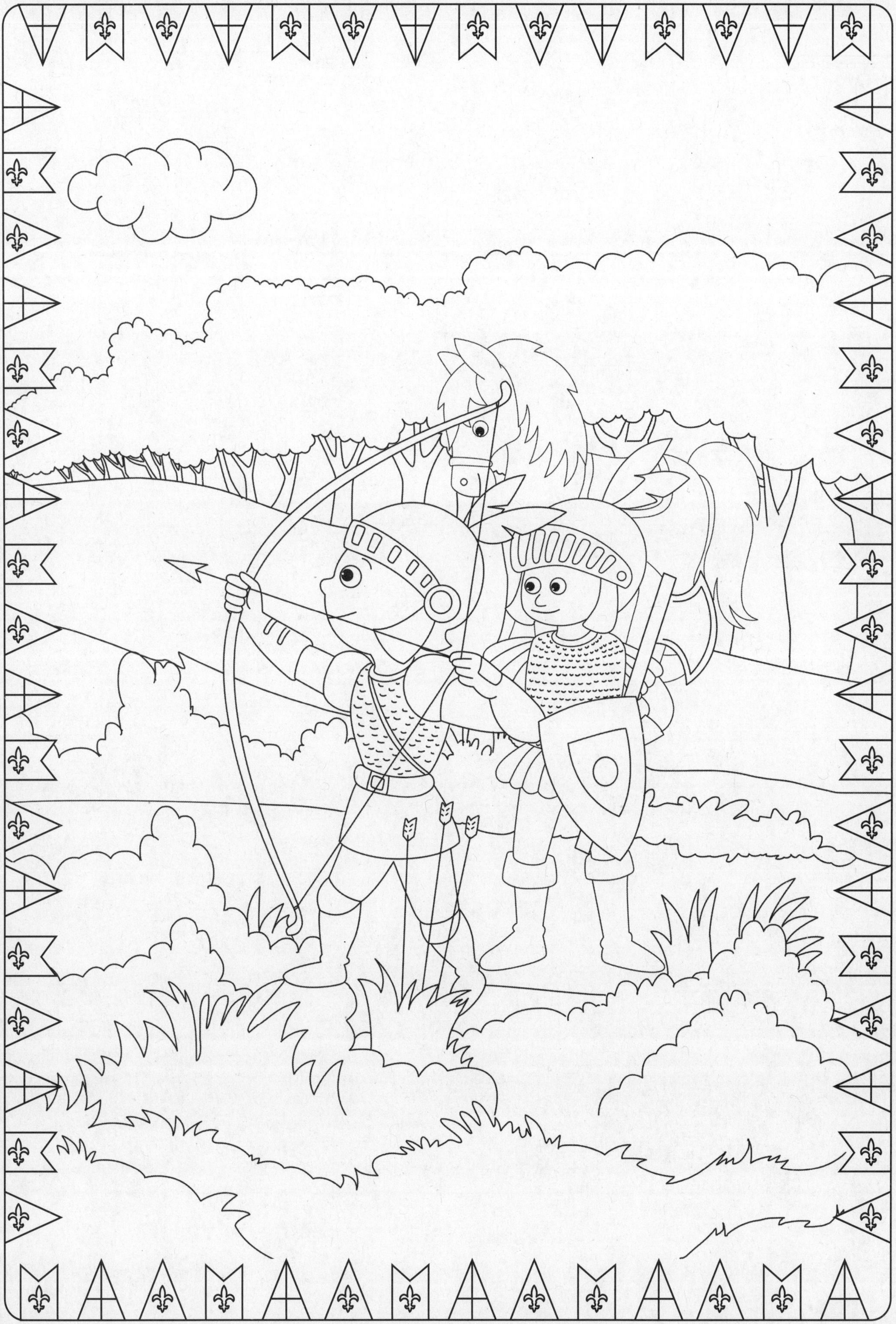

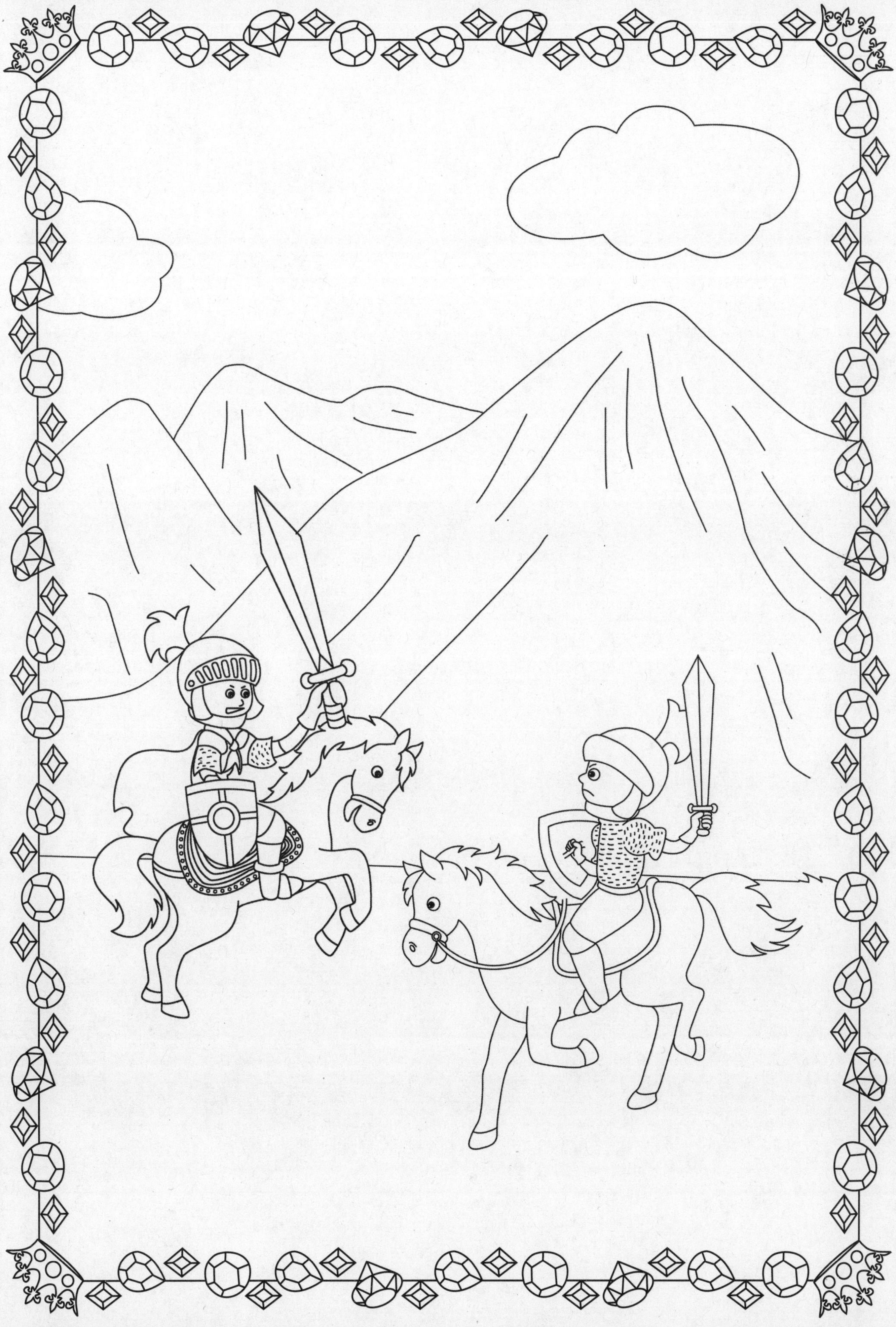

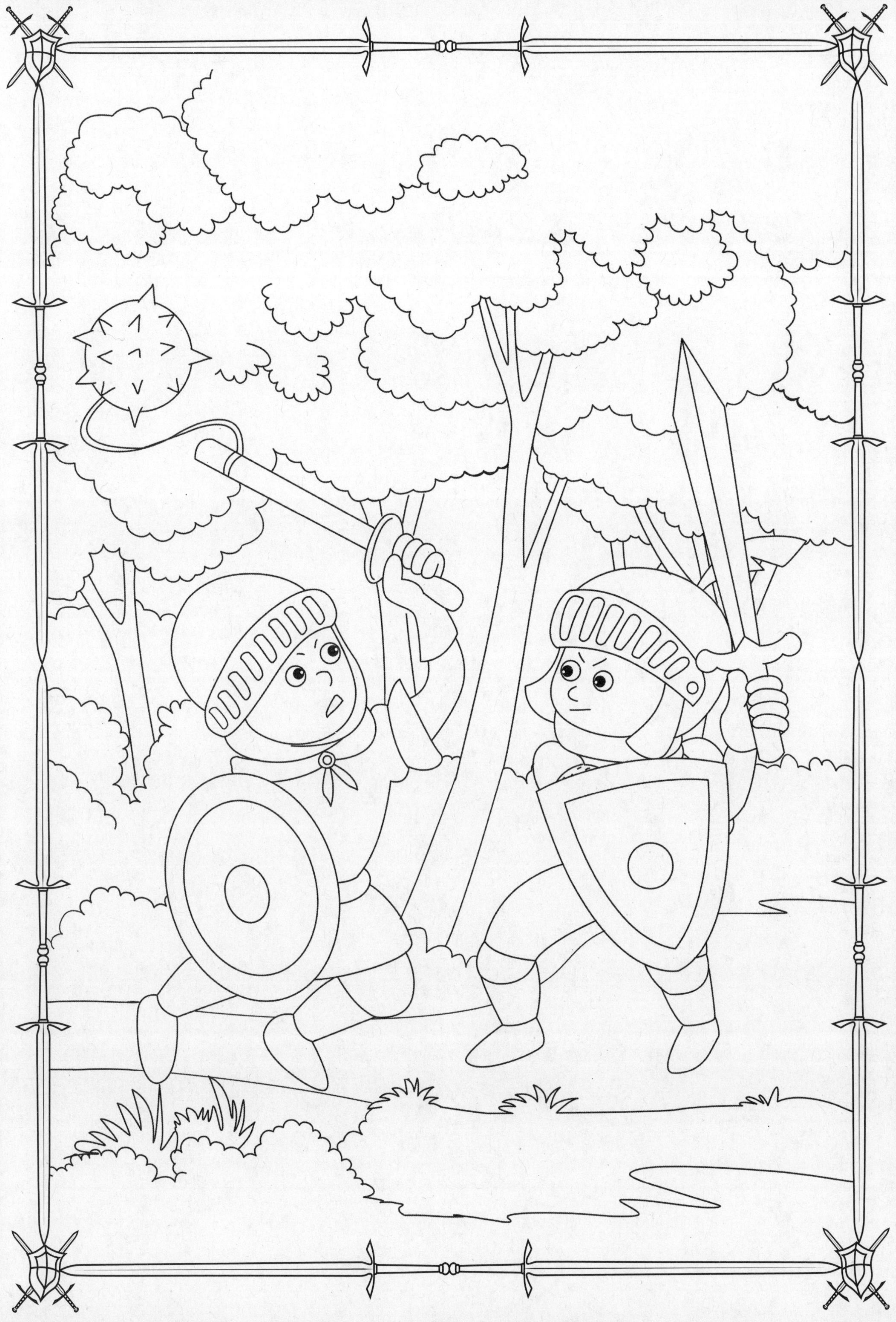

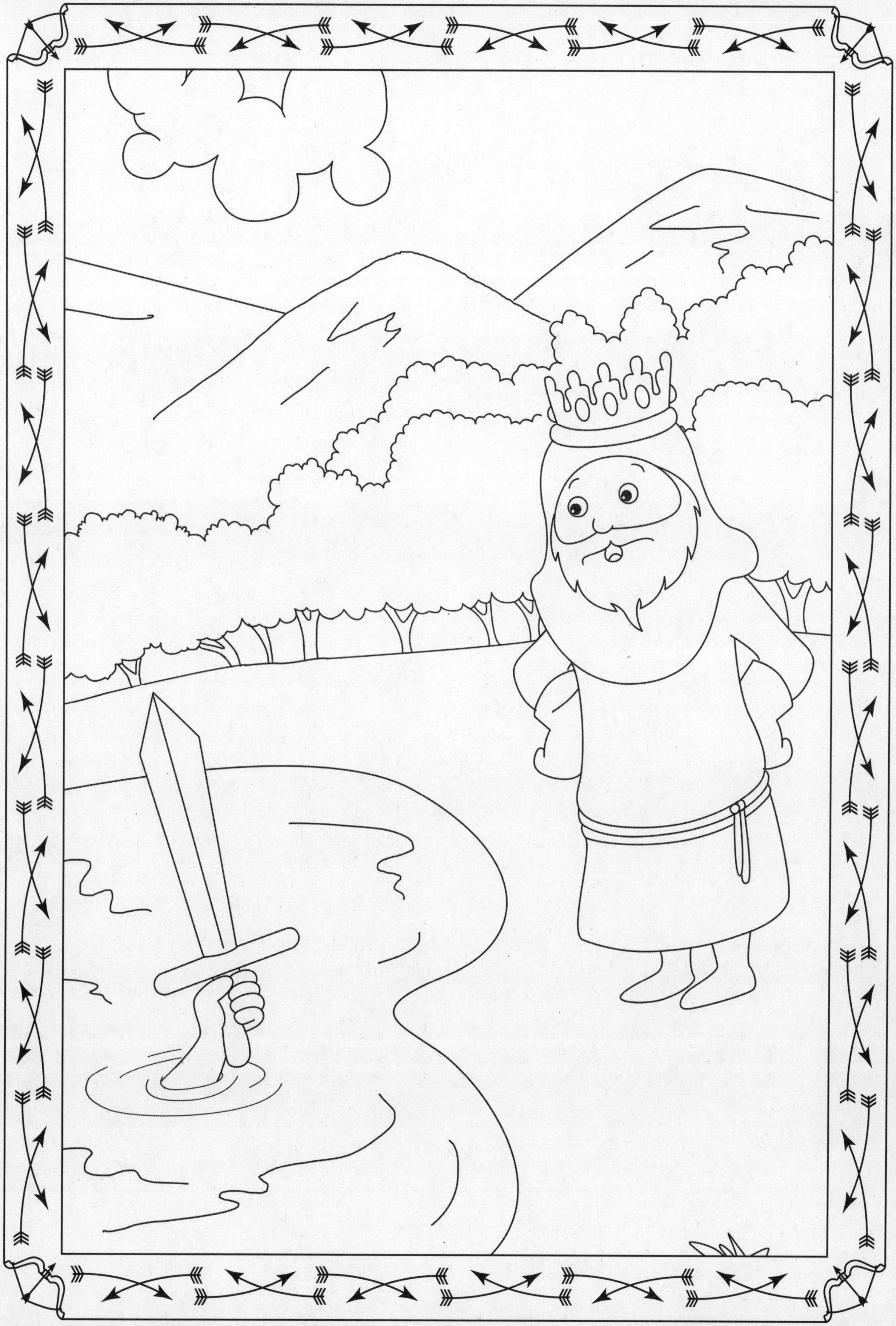

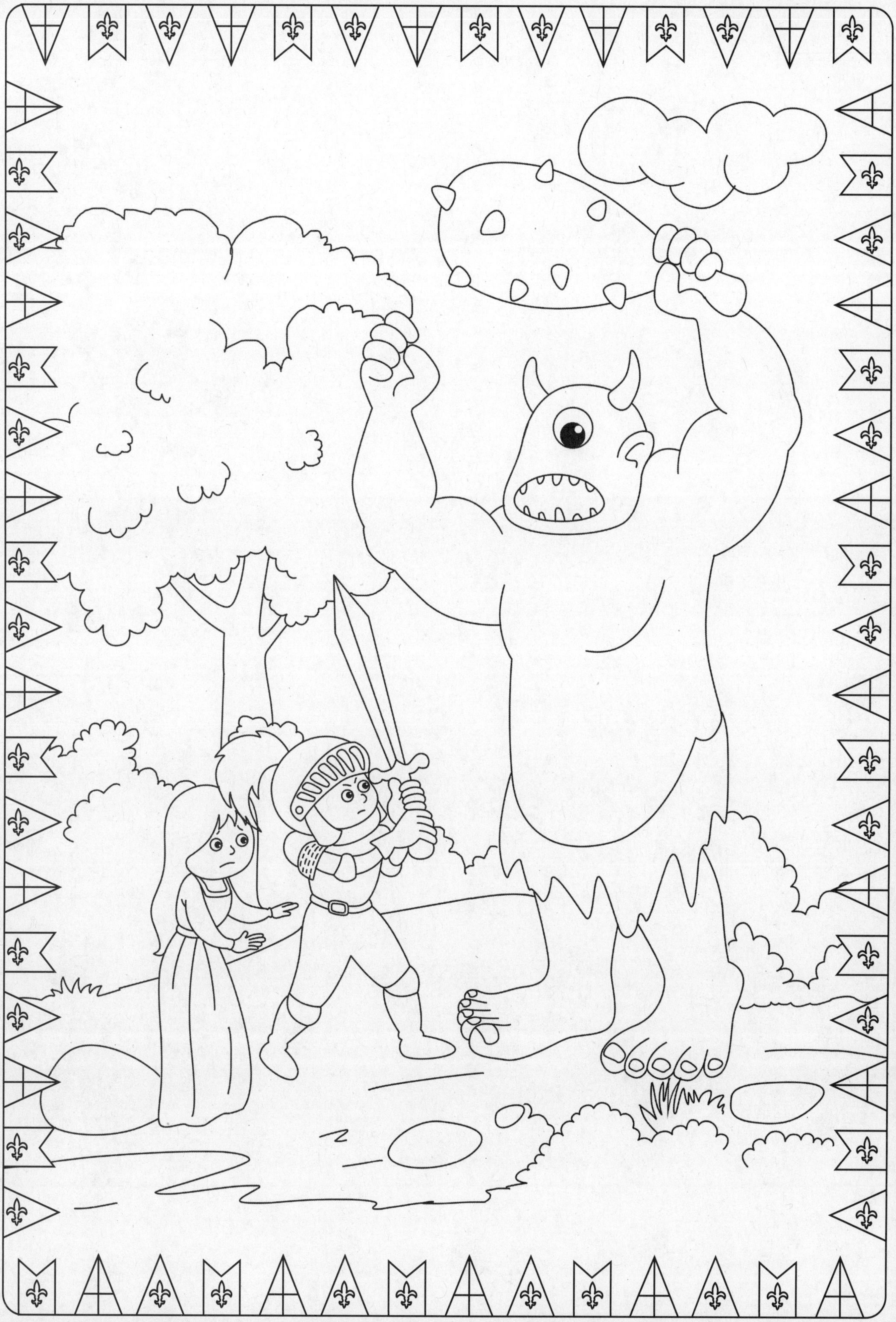

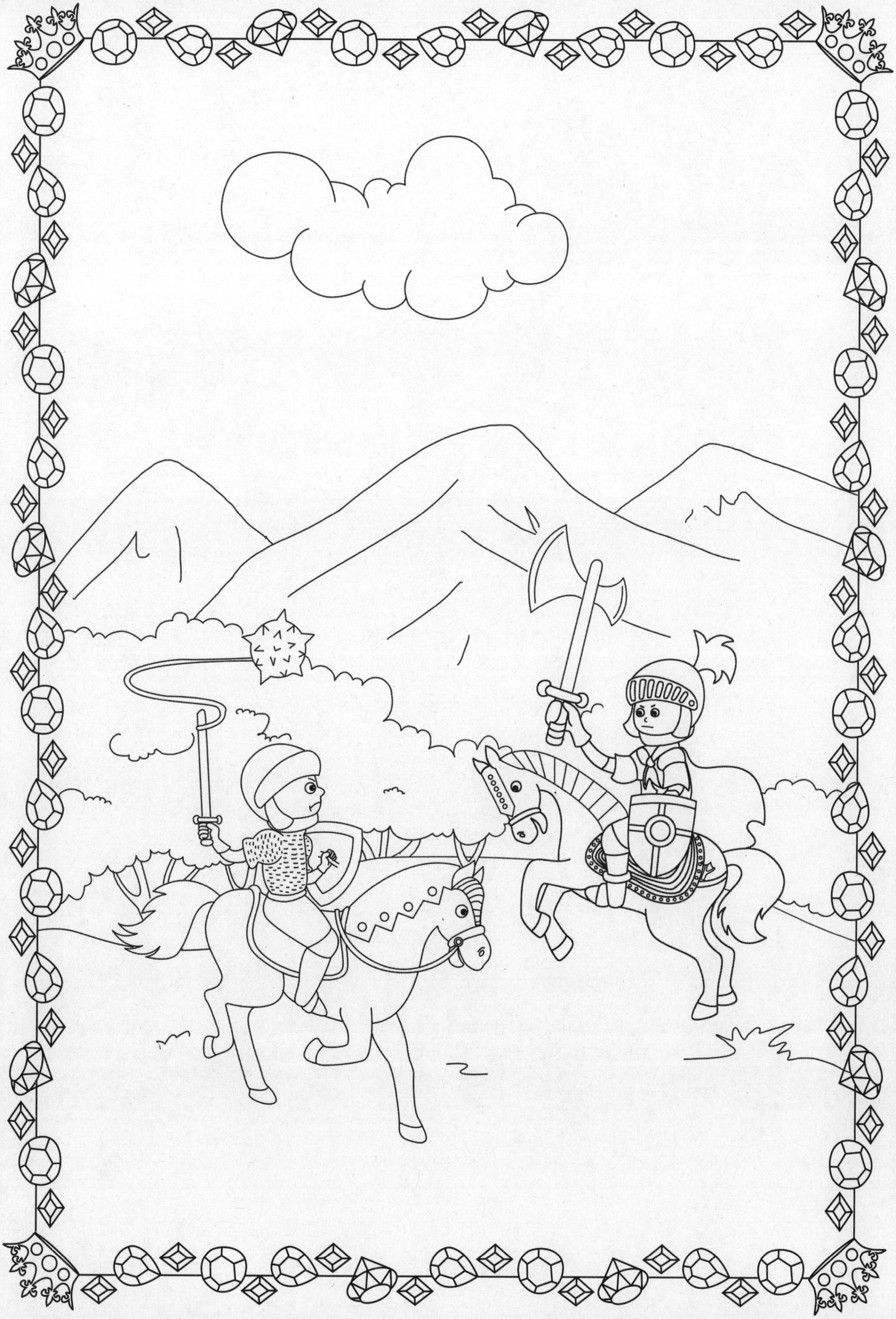

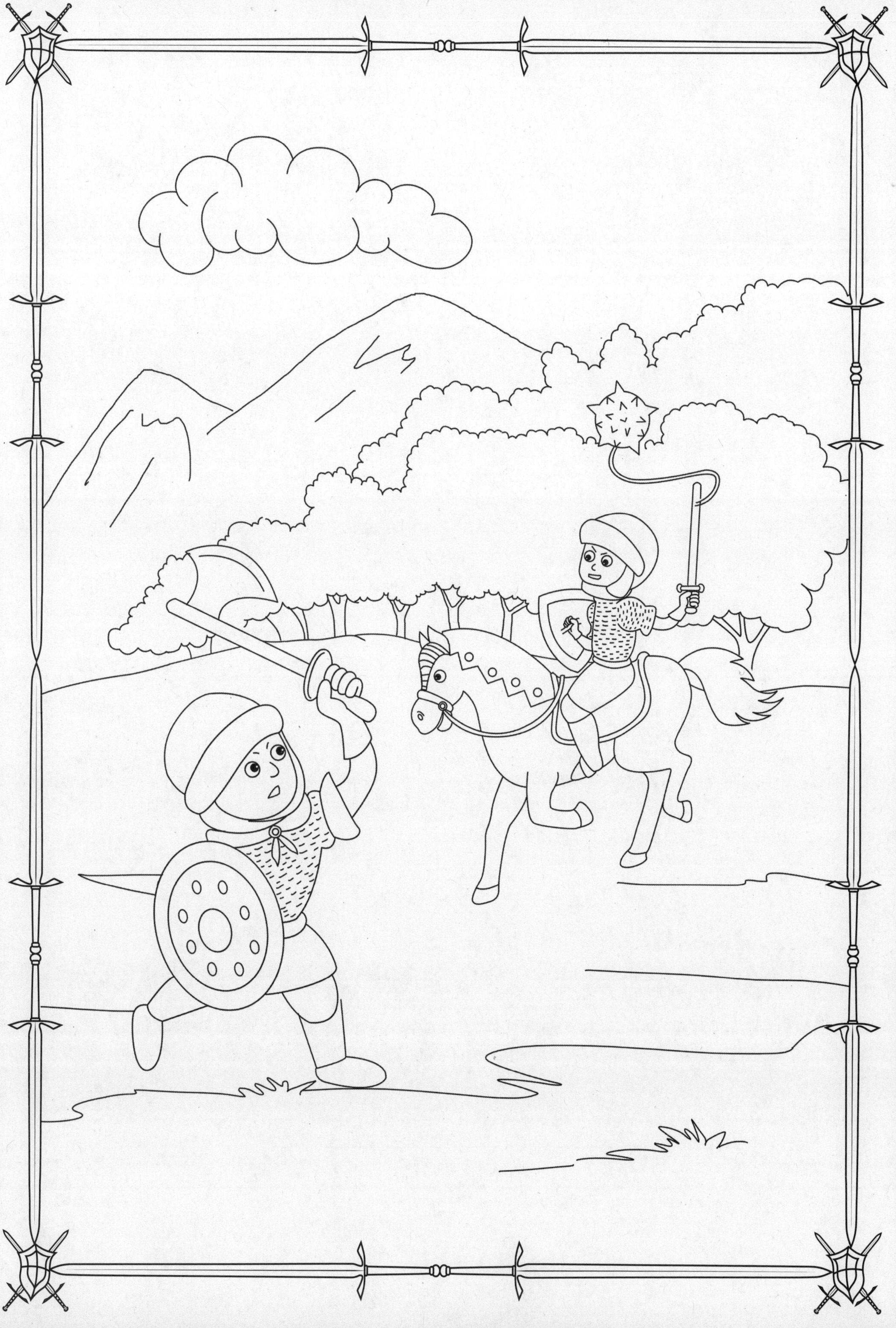

8